Discovery EDUCATION

맛있는 과학

디스커버리 에듀케이션
맛있는 과학-26 유전과 진화

1판 1쇄 발행 | 2012. 3. 9.
1판 4쇄 발행 | 2018. 3. 11.

발행처 김영사
발행인 고세규
등록번호 제 406-2003-036호
등록일자 1979. 5. 17.
주 소 경기도 파주시 문발로 197(우10881)
전 화 마케팅부 031-955-3102 편집부 031-955-3113~20
팩 스 031-955-3111

값은 표지에 있습니다.
ISBN 978-89-349-5475-0 64400
ISBN 978-89-349-5254-1 (세트)

좋은 독자가 좋은 책을 만듭니다. 김영사는 독자 여러분의 의견에 항상 귀 기울이고 있습니다.
독자의견전화 031-955-3139 | 전자우편 book@gimmyoung.com | 홈페이지 www.gimmyoungjr.com
어린이들의 책놀이터 cafe.naver.com/gimmyoungjr | 드림365 cafe.naver.com/dreem365

어린이제품 안전특별법에 의한 표시사항
제품명 도서 **제조년월일** 2018년 3월 11일 **제조사명** 김영사 **주소** 10881 경기도 파주시 문발로 197
전화번호 031-955-3100 **제조국명** 대한민국 **⚠주의** 책 모서리에 찍히거나 책장에 베이지 않게 조심하세요.

최고의 어린이 과학 콘텐츠

디스커버리 에듀케이션 정식 계약판!

Discovery EDUCATION

맛있는 과학

26 | 유전과 진화

민주영 글 | 황은혜 그림 | 류지윤 외 감수

주니어김영사

차례

1. 멘델의 유전법칙

우열의 법칙 8

분리의 법칙 14

TIP 요건 몰랐지? 완두콩이 주름진 이유 18

독립의 법칙 19

Q&A 꼭 알고 넘어가자! 22

2. 사람의 유전

혈액형의 유전 26

TIP 요건 몰랐지? 혈액형에 따른 수혈 30

반성유전과 한성유전 31

TIP 요건 몰랐지? 대머리는 유전 36

사람의 여러 가지 유전형질 37

TIP 요건 몰랐지? 변이의 발견 41

Q&A 꼭 알고 넘어가자! 42

3. 진화란 무엇인가요?

진화가 일어나는 이유 46

TIP 요건 몰랐지? 인류와 유인원 49

소진화와 대진화 50

지구의 역사 52

TIP 요건 몰랐지? 지질시대의 생물 55

Q&A 꼭 알고 넘어가자! 56

4. 여러 가지 진화론

라마르크의 용불용설 60

다윈의 자연선택설 62

그 밖의 진화론 65

TIP 요건 몰랐지? 다윈과 갈라파고스 제도 68

Q&A 꼭 알고 넘어가자! 70

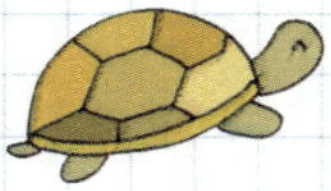

5. 진화의 증거

화석에 나타난 증거 74

TIP 요건 몰랐지? 화석의 종류 77

생명이 만들어질 때 보이는 증거 78

생물의 몸에 나타난 증거 81

TIP 요건 몰랐지? 다육식물 선인장 86

생물의 몸에 나타난 그 밖의 증거 87

TIP 요건 몰랐지? 물 밖에서도 숨을 쉬는 물고기 89

Q&A 꼭 알고 넘어가자! 90

관련 교과

초등 4학년 1학기 3. 식물의 한 살이
초등 4학년 2학기 1. 식물의 세계
중학교 1학년 6. 식물의 영양
중학교 3학년 1. 생식과 발생, 8. 유전과 진화

1. 멘델의 유전법칙

우리는 부모님에게 생김새를 물려받습니다. 이 지구의 모든 생명체가 그렇지요. 신기한 점은 생김새를 물려받을 때 원하지 않은 부분을 더 많이 받는다는 점입니다. 엄마의 쌍꺼풀, 아빠의 큰 키를 닮았다면 연예인이 될 수 있는데 말이에요. 부모님에게 생김새를 물려받을 때에도 규칙이 있기 때문입니다.

우열의 법칙

"엄마 닮았어? 아빠 닮았어?"

아마도 많은 친구들이 이 질문을 들어 봤을 거예요. 만약 누군가 왜 엄마와 아빠를 닮아야 하냐고 물으면 어떻게 대답하겠어요? 아마도 우리는 대수롭지 않게 "그야 뭐, 엄마 아빠가 낳았으니까요."라고 대답할 거예요. 도대체 우리는 왜 부모님을 닮았을까요? 왜 이 사실이 당연할까요? 그것은 바로 유전자 때문입니다.

표현형과 유전자형

우리는 엄마의 난자라는 세포 하나와 아빠의 정자라는 세포 하나가 만나서 만들어졌습니다. 엄마의 세포 속에 들어 있는 유전자와 아빠의 세포 속에 들어 있는 유전자가 합쳐져 우리가 태어났기 때문에 엄마 아빠를 닮을 수밖에 없습니다. 이렇게 엄마와 아빠의 형질을 닮는 것을 유전이라고 합니다.

몇 가지 용어를 알아 두면 훨씬 간편하게 유전에 대해 알 수 있습니다. 일단 우리 몸을 한번 보세요. 곱슬머리, 쌍꺼풀, 보조개, 얼굴형, 손가락, 발가락

유전자

우리 몸의 형질을 나타내게 하는 암호가 담겨 있는 곳입니다. 생물 세포의 염색체를 구성하는 DNA가 배열된 방식이 유전자의 실체입니다.

형질

부모에서 자식으로 물려지는 특징을 말합니다. '쌍꺼풀이 있다 없다', '키가 크다 작다'처럼 우리 몸에서 나타나는 생김새나 특징이 형질에 해당합니다.

의 모양까지 이것들이 어떻게 생겼는지 말할 수 있지요? 이와 같이 생물이 유전적으로 나타내는 모양과 관련된 성질을 '표현형'이라고 부릅니다. 그런데 표현형으로 유전을 공부하기는 굉장히 어려워요. 표현형은 그 종류가 너무 많기 때문이에요. 그래서 편리하게 알파벳으로 표현합니다. 알파벳 문자를 이용해 유전형질을 나타내는 것이지요. 이와 같은 방법을 유전자형이라고 부릅니다. 유전자형을 이용하면 유전형질을 몇 개의 알파벳으로 간편하게 표현할 수 있습니다.

■ **생물의 형질에 따른 유전자형**

R	둥근 완두콩이다.	r	주름진 완두콩이다.
T	황색 완두콩이다.	t	녹색 완두콩이다.
A	혈액형이 A형이다.	B	혈액형이 B형이다.
AB	혈액형이 AB형이다.	O	혈액형이 O형이다.
B	눈동자가 검은색이다.	b	눈동자가 푸른색이다.
E	혀를 동그랗게 말 수 있다.	e	혀를 동그랗게 말 수 없다.

완두콩으로 유전을 연구해요

유전자형은 사람은 물론 완두콩의 유전도 설명합니다. 그런데 사람은 유전형질이 너무 복잡합니다. 하나의 세포에 46개의 염색체가 있고, 또 그 염색체 위에 약 10만 개의 유전자가 있기 때문입니다. 이렇게 많은 유전자 속에는 무수한 형질이 들어 있기 때문에 사람의 유전을 연구하는 일은 매우 어렵습니다. 또 살면서 환경에 의해 변하는 성질도 많습니다. 예를 들면, 쌍꺼풀이 없지만 살면서 생기는 경우고 있고, 혀를 동그랗게 말 수 없었는데 노력해서 할 수 있게 되는 경우도 있습니다.

더 큰 문제는 따로 있습니다. 한 과학자가 사람의 유전을 연구하다가 다음 세대, 그다음 세대, 또 그다음 세대까지 관찰해서 규칙을 발견해야 하는데 그러기에는 연구해야 할 세대가 너무 길지요. 사람이 태어나서 그다음 세대가 생기려면 최소 20년은 기다려야 하니까요.

우리는 유전 연구에 많이 이용 돼! 모양이나 색이 단순하고 뚜렷하니까.
나도 생긴 건 뚜렷하게 잘생겼는데….
녹색 완두
황색 완두

이런 점을 보완하기 위해 완두콩을 유전 연구에 많이 사용합니다. 완두콩의 한 세대는 1년이면 되니까요. 형질도 뚜렷하게 구분할 수 있습니다. 둥근 것과 주름진 것, 혹은 황색과 녹색처럼요. 그뿐 아니라 사람은 아무리 많아도 쉽게 셀 수 있을 만큼의 다음 세대를 만들지만 완두콩은 한 세대에 몇 천 개, 몇만 개까지도 만들 수 있습니다. 숫자가 많은 만큼 서로 비교하기에 좋습니다.

멘델의 첫 번째 유전법칙 '우열의 법칙'

스포츠 경기를 보다가 양쪽 선수의 실력이 비슷할 때 아나운서들이 "우열을 가리기 힘들다"라고 표현합니다. 여기에서 우열이란 무슨 뜻일까요? '우'는 실력이 좀 더 뛰어나다, '열'은 실력이 뒤떨어진다라는 의미로 쓰이지요. 하지만 사실 이런 표현은 유전으로 넘어오면 다른 뜻이 됩니다.

유전을 연구하지 않았던 옛날에는 아이를 낳으면 부모 중 어느 한 쪽을 닮는 것이 아니라 엄마와 아빠의 중간쯤 되는 특징을 가지고 태어난다고 생각했습니다. 하지만 틀린 생각이었어요. 어떤 집의 유전을 잘 살펴보면 엄마 아빠에게 없던 형질이 자식에게 나타나기도 하잖아요. 전혀 새로운 그 형질을 잘 관찰해 보면 할아버지 할머니의 특징인 경우가 있습니다.

이 사실을 이상하게 여기던 오스트리아 신부 멘

유전법칙을 발견한 멘델.

그레고르 멘델

Gregor Mendel, 1822~1884

오스트리아의 식물학자·유전학자이며, 아우구스티누스 수도회 수사입니다. 로마 가톨릭 신부로서 '멘델의 유전법칙'을 발견하여 유전학의 수학적 토대를 마련했습니다. 유전에 대한 멘델의 연구 성과는 그가 죽은 뒤 10년이 지나서도 알려지지 않았지만 1900년 더프리스를 통해 세상에 알려지게 되었습니다. 이 공로 덕분에 멘델은 '유전학의 아버지'라고 불립니다.

순종

다른 계통과 섞이지 않은 순수한 생물 개체 혹은 집단을 이르는 말입니다. 만약 완두콩의 유전자형이 같은 RR, rr이면 순종, R과 r이 섞여 있는 Rr이면 잡종입니다.

상동염색체

부모님에게 한 개씩 물려받은 염색체를 말합니다. 이 염색체는 모양도 같고 크기도 같은 한 쌍입니다. 유전자가 같은 순서로 배열되어 있습니다.

델은 수도원 뜰에 키우던 완두콩을 가지고 이 해답을 얻어 냈습니다. 둥글게 생긴 완두콩과 주름진 완두콩을 짝짓기 했더니 전부 둥근 완두콩만 나온 것입니다. 당연히 반반씩 닮았으리라던 생각이 보기 좋게 어긋난 결과였어요.

멘델이 얻어 낸 완두콩을 유전자형으로 정리해 보면 좀 더 정확히 이해할 수 있습니다. 둥근 완두의 유전자형을 'R', 주름진 완두의 유전자형을 'r' 이라고 해 봅시다. 순종의 둥근 완두의 유전자형은 RR, 주름진 완두의 유전자형은 rr이 되겠지요. 그런데 왜 두 개씩 함께 묶어 표현할까요? 한 사람의 유전자형은 짝을 짓고 있는 상동염색체로 결정되기 때문입니다. 따라서 유전자형으로 나타낼 때에는 반드시 알파벳을 두 개씩 짝지어 나타내 주어야 합니다.

하지만 두 개씩 짝지어진 것을 자식에게 물려줄 때는 둘 중 하나만 전달해 주게 됩니다. 그래야 자식도 엄마 아빠처럼 유전자가 두 개인 하나의 개체가 되겠지요.

순종의 둥근 완두(RR)는 자식에게 R을 주게 되고, 순종의 주름진 완두(rr)는 r을 자식에게 전달합니다. 순종의 둥근 완두와 순종의 주름진 완두는 Rr의 유전자형을 만들겠지요. 그런데 이 Rr은 겉으로 보이는 표현형이 모두 둥글었어요. 그것은 둥근 유전자 R이 주름진 유전자 r을 이길 수 있기 때문입니다. 이렇게 두 가지 형질이 있을 때 다른 하나를 이겨 자기 형질을 나타내는 것을 우성형질이라고 합니다. 유전에서 순종끼리 교배했을 때 만들어지는 처음 잡종의 겉으로 들어난 형질은 우성, 나타나지 않고 숨어 있는 것을 열성이라고 합니다. 멘델은 순종끼리 교배했을 때 처음에는 우성만 나온다는 것을 우열의 법칙이라고 정의했습니다.

중간유전

우성과 열성을 설명하는 우열의 법칙이 모든 생물에게 나타나지는 않습니다. 특히 식물에게 이 우열의 법칙이 적용되지 않는 경우가 많습니다. 어느 한 형질만 닮지 않고 두 형질을 반반씩 닮아 나타나는 것이지요. 분꽃이 그렇습니다. 빨간색 분꽃과 흰색 분꽃을 교배해 보면 우열의 법칙에서 벗어난다는 사실을 정확히 이해할 수 있습니다.

분꽃의 순종인 빨간색 꽃(AA)과 순종인 흰색 꽃(aa)을 교배해 보세요. 그러면 잡종 꽃 Aa 유전자형이 나타납니다. 이 Aa는 빨간색도 흰색도 아닌 분홍색 꽃입니다. 이것은 빨간색과 흰색 꽃 사이에 우성과 열성의 관계가 분명하지 않기 때문에 나타나는 현상입니다. 어느 한 쪽이 다른 한 쪽을 이길 수 없다는 뜻입니다. 이렇게 부모 양쪽의 형질을 반반씩 닮은 형질이 나타나는 현상을 중간유전이라고 합니다.

빨간색 분꽃(AA)과 흰색 분꽃(aa)을 교배하면 분홍색 분꽃(Aa)이 나온다.

분리의 법칙

분리의 법칙이란 무엇인가요?

분리의 법칙이란 멘델의 유전법칙의 두 번째입니다. 첫 번째 법칙에서는 순종끼리 교배해서 잡종(Rr)을 얻어 냈지요. 두 번째 유전법칙에서는 잡종끼리 다시 교배해 보는 것입니다. 분명히 모두 둥근 완두였지만 처음 교배해서 나온 결과와는 다릅니다.

먼저 교배했던 것은 순종이었기 때문에 같은 둥근 완두라 하더라도 유전자형이 RR이었지만, 이번에는 잡종이기 때문에 유전자형이 Rr입니다. 그럼 다음 세대에게 유전자를 전달해 줄 때 R이나 또는 r, 둘 중 하나를 전달하기 때문에 여러 가지 유전형질이 나타납니다. 멘델이 생각해 낸 유전형질의 조합은 표와 같습니다.

표에서 둥근 완두의 개수를 세어 볼까요? 둥근 것은 주름진 것에 대해 우성이기 때문에 R이 하나만 있어도 둥근 완두가 될 수 있습니다. 그래서 네 개 가운데 세 개는 둥근 완두입니다. 주름진 완두는 열성이기 때문에 반드시 r 유전자가 두 개 있어야만 나타날 수 있어요. 이렇게 잡종인 것만으로 교배해서 나오는 완두는 둥근 것과 주름진 것의 비율이 항상 3 대 1입니다. 이와 같이 잡종끼리 교배하여 얻은 우성과 열성 형질의 비율이 3 대 1로 나

교배

생물의 암컷과 수컷의 생식세포를 사람의 힘으로 합쳐서 다음 세대를 얻는 일입니다. 생식세포란 자식을 낳는 일에 관여하는 세포를 말해요.

■ **잡종 완두의 교배**

	R	r
R	RR	Rr
r	Rr	rr

타나는 현상을 분리의 법칙이라고 합니다.

혀 말기로 본 분리의 법칙

분리의 법칙은 사람에게도 적용됩니다. 혀 말기가 잘 되는 엄마 아빠 사이에서 혀 말기가 잘 안 되는 아이가 태어났다고 생각해 보세요. 혀 말기는 혀가 U자로 잘 말아지는 쪽이 잘 안 말아지는 쪽에 대해 우성입니다. 만약 엄마 아빠의 유전자가 순종(RR)이어서 혀 말기가 잘 된다면 그 자식의 유전자도 반드시 순종인 RR이어야만 해요. 하지만 혀를 말 수 없는 아이(rr)가 태어났다면 이 집의 엄마와 아빠의 유전자는 Rr이라는 뜻입니다.

어떻게 이런 결론이 나왔을까요? 혀를 말 수 없는 아이는 유전자형이 rr이기 때문에 아빠도 r 유전자를, 엄마도 r 유전자를 아이에게 전달해 주어야 합니다. 그래야 아이의 유전자형이 rr이 될 수 있어요. 그렇다면 엄마 아빠 모두 혀 말기가 잘 되면서도 r 유전자를 가지려면 유전자형이 Rr일 수밖에 없습니다. 이렇게 유전자가 Rr인 엄마와 아빠 사이에서 태어난 아이는 RR, Rr, Rr, rr이라는 유전자 중 하나를 가지고 태어나기 때문에 혀 말기가 될 수 없는 확률은 전체 넷 가운데 하나입니다. 앞의 표를 다시 한 번 보면

더 잘 이해될 거예요. 부모의 유전자가 둘 다 Rr이면 자식은 하나의 RR, 두 개의 Rr, 하나의 rr이 나오지요.

귓불 모양으로 본 분리의 법칙

지금 거울을 보고 귀의 모양을 한번 보세요. 귀의 모양도 유전됩니다. 귀에 귀걸이를 거는 위치를 알고 있지요? 그곳을 귓불이라고 해요. 이 귓불의 생김새가 밑으로 처져 있으면 분리형, 귓바퀴에 붙어 있으면 부착형이에요. 귓불 모양은 분리형이 부착형에 대해 우성입니다. 그렇다면 분리형이 부착형에 비해 나타날 확률이 훨씬 높겠지요. 우성과 열성의 비

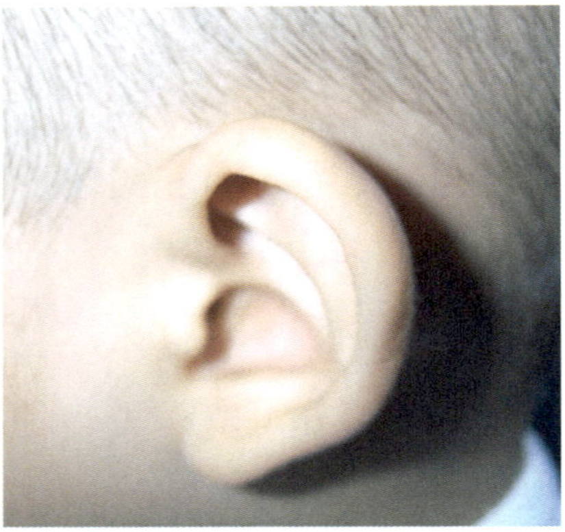

귓불이 밑으로 처진 분리형 귀가 우성이다.
ⓒ Shizhao@the Wikimedia Commons

율은 항상 3 대 1로 나타나니까요.

분꽃의 교배로 본 분리의 법칙

분꽃의 경우는 분리의 법칙이 어떤 식으로 나타날까요? 분꽃은 우성과 열성이 정확하지 않아서 중간유전이 일어났지요. 빨간색 꽃과 흰색 꽃을 교배했을 때 둘을 섞은 듯한 색인 분홍색이 나타났어요. 만약 분홍색 꽃끼리 교배하면 어떻게 나올까요? 아래의 표를 보세요. 분홍색 꽃과 분홍색 꽃을 교배해 보면 빨간색 꽃 하나, 분홍색 꽃 둘, 흰색 꽃 하나가 나와요. 분리의 법칙에 해당되려면 3 대 1이라는 비율이 나와야 하는데, 분꽃은 예외이지요.

분꽃은 우열의 법칙에서 어긋났기 때문에 분리의 법칙도 적용하기 어렵습니다. 우열의 법칙과 마찬가지로 분리의 법칙도 모든 생물에게 적용되지 않는다는 사실을 다시 한 번 확인했습니다.

■ 잡종 분꽃끼리의 교배

	A	a
A	 (AA)	 (Aa)
a	 (Aa)	 (aa)

TIP 요건 몰랐지?

완두콩이 주름진 이유

완두콩은 광합성을 통해 만든 포도당을 다시 더 큰 덩어리인 녹말로 저장한 것입니다. 녹말을 합성하기 위해서는 효소가 필요합니다. 둥근 완두는 포도당을 녹말로 바꾸는 효소가 정상적으로 이 일을 잘 수행하기 때문에 녹말과 수분이 고르게 퍼져 있어 둥근 모양입니다. 반대로 주름진 완두는 포도당을 녹말로 바꾸는 효소가 제대로 일을 못 해서 나타나는 현상입니다. 따라서 주름진 완두콩은 콩 안에 녹말도 적게 들어 있어 수분을 많이 잃어버릴 수밖에 없지요. 더욱이 군데군데 그렇다 보니 콩의 표면이 둥글지 못하고 주름지어 쭈글쭈글합니다.

둥근 완두는 녹말과 수분이 고르게 퍼져 있어서 모양이 둥글다.
ⓒ Bill Ebbensen@the Wikimedia Commons

독립의 법칙

우리 몸에서 나타나는 유전형질은 매우 많습니다. 약 10만 개의 유전자가 있으니 나타나는 형질을 하나하나 세는 일도 결코 쉽지 않습니다. 그냥 겉모습만 따져도 굉장히 많은 형질이 있는데, 유전형질은 보이지 않는 것까지 판단하는 일이기 때문입니다. 침 분비, 호르몬 분비, 소화, 호흡, 배설, 생식까지 우리 몸에 일어나는 일 하나하나가 모두 유전자에 의해 결정됩니다.

생식

생물이 자기와 닮은 개체를 만들어 종족을 유지하는 일입니다. 쉬운 말로 자손을 번식하는 일이에요.

그렇다면 우리가 가진 염색체는 46개인데, 이 많은 유전자는 어디에 있을까요? 한 개의 염색체가 한 개의 형질을 가지고 있다면 그 많은 형질은 염색체 위에 모두 있을 수가 없어요. 그래서 한 개의 염색체 위에는 여러 개의 유전형질이 있습니다. 또한 한 개의 염색체 위에 있는 여러 개의 유전형질은 서로 연관되어 있답니다.

완두콩을 생각해 보세요. 완두콩은 둥글고 주름진 모양을 구분하는 유전형질 외에도 색을 구분하는 유전형질이 있습니다. 완두콩은 녹색뿐 아니라 황색도 있거든요. 유전이 진행될 때 색을 결정하는 유전자는 모양을 결

정하는 유전자와 관련이 있을까요? 이 점이 궁금했던 멘델은 완두를 가지고 실험했어요. 순종의 둥글고 황색인 완두와 순종의 주름지고 녹색인 완두를 재료로 사용했지요. 순종의 둥글고 황색인 완두의 유전자형은 RRYY, 순종의 주름지고 녹색인 완두는 rryy입니다. 자식들에게 이 유전자를 물려줄 때에는 반으로 줄여서 주어야 한다는 사실 기억하고 있지요? RRYY 중 유전자의 수를 반으로 줄이면 알파벳 네 개 중 두 개만 뽑아야 합니다. 그래서 RR, RY, YY 이렇게 세 종류로 나눌 수 있어요. 그런데 이때 주의해야 할 것은, RR과 YY는 각각 모양이나 색 한 가지에 대한 유전자형이라서 모양과 색을 모두 표현할 수 없다는 점이에요. 따라서 모양을 나타내는 유전자 중 하나인 R과 색을 결정하는 유전자 Y가 하나씩 들어 있는 것만 자식에게 물려줄 수 있습니다. RY만 물려줄 수 있다는 말입니다. 그렇다면 유전자형 rryy의 경우도 자연스럽게 ry만을 자식에게 물려주겠지요.

순종의 둥글고 황색(RRYY)인 완두와 순종의 주름지고 녹색(rryy)인 완두로 만들 수 있는 잡종 완두는 둥글고 황색(RrYy)만 만들어집니다.

이번에는 잡종 완두를 서로 교배해 보세요. 둥글고 황색인 완두(RrYy)가 다음 세대에게 전달해 줄 수 있는 유전자는 RY, Ry, rY, ry 이렇게 네 가지입니다. 이 네 가지의 유전자를 가진 두 개의 완두로 교배할 경우 나타날 수 있는 완두의 종류와 수는 표와 같습니다.

표를 보고 둥근 완두와 주름진 완두의 개수를 세어 보세요. 둥근 완두가 열두 개, 주름진 완두가 네 개이지요. 또 황색과 녹색을 세어 보세요. 황색이 열두 개, 녹색이 네 개입니다. 결국 모양을 나타내는 둥글고 주름진 완두콩의 비율은 3 대 1입니다. 또한 색을 결정하는 황색, 녹색 완두콩의 비율도 3 대 1입니다. 앞에서 우성과 열성의 비율이 3 대 1로 나타난다는 분리의 법

■ 둥글고 황색인 잡종 완두끼리의 교배

	RY	Ry	rY	ry
RY	RRYY (둥황)	RRYy (둥황)	RrYY (둥황)	RrYy (둥황)
Ry	RRYy (둥황)	RRyy (둥녹)	RrYy (둥황)	Rryy (둥녹)
rY	RrYY (둥황)	RrYy (둥황)	rrYY (주황)	rrYy (주황)
ry	RrYy (둥황)	Rryy (둥녹)	rrYy (주황)	rryy (주녹)

※ 둥황:둥글고 황색/둥녹:둥글고 녹색/주황:주름지고 황색/주녹:주름지고 녹색

칙이 여기에도 적용되지요. 색깔과 모양의 유전자가 서로에게 영향을 주지 않고 각자 따로따로 행동했기 때문에 모양이 나타나는 비율도 3 대 1, 색을 나타내는 비율도 3 대 1입니다.

이렇게 어떤 형질이 다음 세대로 전달될 때 서로에게 영향을 주지 않고 따로따로 나타나는 것을 '독립의 법칙' 이라고 합니다. 그런데 이런 독립의 법칙은 유전자가 다른 염색체에 있어야만 지켜집니다. 만약 한 염색체 위에 같이 있는 유전자라면 다음 세대에 전달할 때 분리될 수가 없겠지요. 독립의 법칙은 서로 관련이 없는 유전자 사이에서만 일어난다는 뜻입니다. 유전자란 염색체를 따라 이동하기 때문이에요.

Q&A 꼭 알고 넘어가자!

문제 1 멘델이 유전을 연구할 때 사람 대신 완두콩을 사용한 이유는 무엇인가요?

문제 2 멘델의 유전법칙은 세 가지로 나뉩니다. 각각의 법칙을 간략하게 설명해 보세요.

2. ① 우열의 법칙: 유전에서 순종끼리 교배했을 때 우성형질이 드러나고 열성형질이 가려진다는 법칙입니다.
   ② 분리의 법칙: 잡종끼리 교배했을 때 제1대에서는 우성형질만 나타나지만 잡종 제2대에서는 우성과 열성 형질이 3 대 1의 비율로 분리하여 나타난다는 법칙입니다.
   ③ 독립의 법칙: 어떤 형질이 다음 세대로 전달될 때, 서로 다른 염색체에 있는 유전자는 다른 유전자에 영향을 주지 않고 따로따로 유전하는 법칙입니다.

3. Rr끼리 교배했을 때 나올 수 있는 다음 세대는 RR(둥근 완두), Rr(둥근 완두), Rr(둥근 완두), rr(주름진 완두)입니다. 따라서 둥근 완두와 주름진 완두의 비율은 3 대 1입니다. 이를 분리의 법칙이라고 해요.

문제 3 잡종인 둥근 완두(Rr)끼리 교배했을 때 둥근 완두와 주름진 완두의 비율은 어떻게 나올까요?

정답

1. 첫째, 유전 연구는 여러 세대를 관찰하면서 규칙을 발견해야 하는데 사람은 세대가 너무 길기 때문입니다. 사람이 태어나서 그다음 세대가 생기려면 최소 20년은 걸립니다. 그에 반해 완두콩은 한 세대가 1년밖에 안 되기 때문에 편리합니다. 둘째, 46개의 염색체에 약 10만 개의 유전자를 가진 사람에 비해 완두콩의 유전형질은 복잡하지 않고 뚜렷합니다. 완두콩은 주름지고 둥근 것, 황색과 녹색으로 구분할 수 있어요. 셋째, 사람은 다음 세대를 만들어도 셀 수 있을 만큼이지만 완두콩은 한 세대에 몇천 개, 몇만 개까지 만들 수 있습니다. 숫자가 많은 만큼 서로 비교하기 좋습니다.

관련 교과

초등 4학년 2학기 1. 식물의 세계

중학교 1학년 6. 식물의 영양

중학교 3학년 1. 생식과 발생, 8. 유전과 진화

2. 사람의 유전

이 세상 모든 사람은 저마다 생김새가 다릅니다. 쌍둥이가 아니라면 세상에서 나와 똑같은 얼굴은 없습니다. 하지만 가족 사이에는 비슷한 점을 찾을 수 있지요. 왜 가족이 아닌 다른 사람과는 다른 얼굴로 태어나고 가족과는 닮은 점을 갖고 태어나는지 그 이유를 알아봅시다.

혈액형의 유전

혈액형과 성격

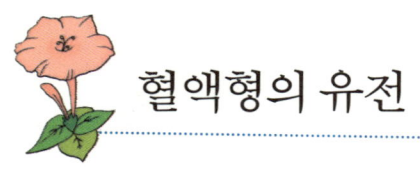

주변 친구들의 성격을 잘 생각해 보세요. 자기감정을 솔직하게 표현하는 친구도 있을 테고, 조심성이 많아 감정을 잘 표현하지 못하는 친구도 있을 거예요. 조심성이 많은 친구를 가리켜 우리는 보통 놀리듯 소심하다고 표현하면서 혈액형이 A형일 것이라고 추측합니다.

그런데 정말 성격이 혈액형의 영향을 받을까요? 혈액형은 어떻게 결정될까요? 조심성이 많은 사람은 A형이라는 일부 사람들의 생각이 사실이라면, 혈액형은 오히려 성격에 따라 변해야 하지 않을까요? 이 질문에 대해

결론부터 말하자면 성격과 혈액형은 아무 상관이 없습니다.

혈액형 표현 방법 – ABO 방식

혈액형을 표현하는 방법은 크게 두 가지가 있습니다. ABO 방식의 혈액형과 Rh 방식의 혈액형입니다. 둘 중 더 널리 쓰이는 쪽은 ABO 방식입니다. ABO 방식의 혈액형이 나타나는 이유는 혈액형을 결정하는 A, B, O의 유전자 때문입니다. 만약 아빠가 A형이라면 아빠는 할아버지와 할머니에게 A형 유전자를 받은 것입니다.

그런데 앞장에서 배웠듯이 형질은 반드시 두 개의 유전자가 있어야 결정됩니다. 아빠에게 하나, 엄마에게 하나를 받기 때문에 늘 두 개가 짝이 되어 있어요. 그렇다면 할아버지에게 A를 받고, 할머니에게도 A를 받으면 아빠는 AA라는 혈액형 유전자형을 받았기 때문에 당연히 A형이 됩니다. 하지만 할아버지나 할머니 중 한 분은 A를 주셨지만 다른 한 분이 O를 주셨다면 아빠의 유전자형은 AO가 됩니다. A와 O가 같이 있으면 A형이 됩니다. AO나 AA나 모두 A형이 되는 것입니다. AO도 A형이 되므로, A는 O에 대해 우성이고, O는 A에 대해 열성이라고 할 수 있습니다.

이런 현상은 B형 혈액형에서도 그대로 나타납니다. BB와 BO 모두 B형 혈액형으로 분류됩니다. A와 B가 같이 있으면 어떨까요? 다시 말해, A와

■ 혈액형 유전 공식

	A	O
B	AB(AB형)	BO(B형)
O	AO(A형)	OO(O형)

B가 싸우면 누가 이길까요? 둘 다 이기지 못합니다. A와 B 사이에는 우성과 열성 관계가 없기 때문에 둘이 같이 있으면 AB형이 됩니다. O형이 되려면 유전자형이 반드시 OO여야 하겠지요.

구체적인 예를 들어서 혈액형의 유전에 대해 알아볼까요? 엄마가 B형 아빠가 A형이라고 가정해 봅시다. 엄마, 아빠의 혈액형 A형과 B형이 어떤 유전자를 가졌는지에 따라 나의 혈액형이 달라집니다. 내가 만약 O형이라면 엄마 혈액형의 유전자형은 BO이고, 아빠 혈액형의 유전자형은 AO입니다. 적어도 엄마, 아빠에게 하나씩은 받아야 하니까요.

하지만 내가 만약 A형이라면 엄마는 나에게 O를 준 것입니다. 엄마의 B가 나에게 왔다면 A형이 될 수는 없었을 테지요. 그러므로 엄마는 반드시 O를 포함하고 있어야 하고, 자연히 엄마의 유전자는 BO가 됩니다. 그렇다면 나에게 A 하나를 준 아빠의 유전자형은 무엇일까요? AA일까요? AO일까요? 나의 혈액형만으로는 정확히 알 수 없습니다. AA이든지, AO이든지 둘 다 A가 포함되기 때문입니다. 그럴 때에는 나 외에 다른 자식의 혈액형을 잘 따져 보면 엄마 아빠의 혈액형을 결정하는 유전자형을 알아낼 수도 있습니다.

혈액형 표현 방법 – Rh 방식

혈액형을 표현하는 방법에는 ABO 방식 외에 Rh 방식도 있습니다. Rh 방식 혈액형은 Rh+와 Rh–가 있습니다. Rh+가 Rh–에 대해 우성입니다. 자연히 Rh+를 가진 아빠와 Rh+를 가진 엄마 사이에서는 Rh+를 가진 자녀가 태어날 확률 큽니다.

하지만 Rh–를 가진 아이도 태어날 수 있습니다. 둥근 완두와 둥근 완두 사이에서도 주름진 완두가 나오는 것과 같은 현상입니다. Rh+가 우성이므로 부모의 Rh+는 RR과 Rr 중 어떤 유전자형인지 정확하게 알 수가 없습니다. 만약 엄마 아빠 모두 Rr의 잡종 유전자를 가지고 있다면 Rr 중 r끼리 만나 rr이 될 테고, Rh–형인 자녀가 태어날 수도 있습니다.

대부분의 동양 사람은 Rh+형의 유전자를 가지고 있습니다. Rh–형인 자녀가 태어날 확률은 200명 중 한 명뿐이랍니다.

가끔 텔레비전을 보다 보면 Rh–형 혈액이 급하게 필요하다는 속보가 나오지요. ABO 방식 혈액형과 Rh 방식 혈액형은 서로 연관되어 있지 않고 독립적으로 나타나기 때문에 Rh–형의 혈액을 급하게 구할 때에는 Rh 방식뿐 아니라 Rh–A형, Rh–B형 등 ABO 방식으로도 표현합니다.

TIP 요건 몰랐지?

혈액형에 따른 수혈

큰 사고를 당하면 피를 많이 흘려 다른 사람의 피를 수혈받아야 할 때가 있습니다. 그때 아무 사람의 피나 수혈하면 큰일이 납니다. 혈액형이 다른 혈액 사이에는 서로를 응고시키는 반응이 일어나기 때문입니다. 따라서 수혈받을 때에는 매우 신중해야 합니다.

서로 같은 혈액형일 때에는 응고 반응이 일어나지 않기 때문에 많은 양을 수혈해도 상관없습니다. 하지만 다른 혈액형끼리 수혈할 수밖에 없는 상황이라면 아주 적은 양만 수혈해야 합니다.

■ 혈액형 사이의 수혈량

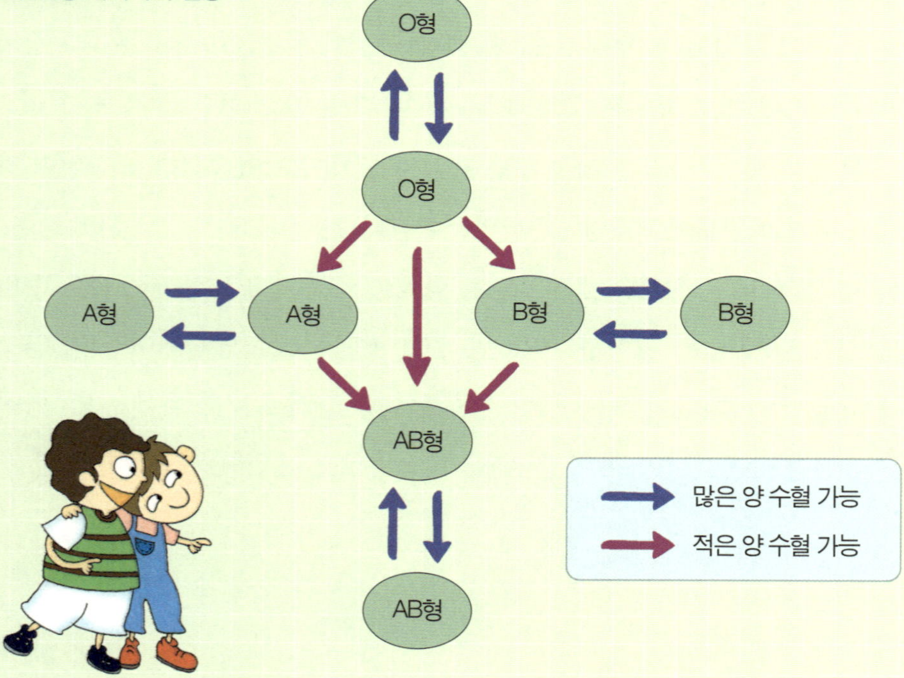

반성유전과 한성유전

생활에서 색깔로 상황을 판단해야 하는 경우는 매우 많습니다. 가령, 과일 가게에 가서 과일을 고를 때, 빨갛게 잘 익은 사과가 그렇지 않은 사과에 비해 훨씬 맛있다고 판단합니다. 신호등을 건널 때에도 파란 불인지 빨간 불인지를 판단하여, 빨간 불일 때에는 건너지 않고 파란 불로 바뀌기를 기다립니다. 이 밖에도 생활에서 색깔로 상황을 판단해야 하는 경우는 굉장히 많습니다.

색맹이란 무엇인가요?

간혹 색을 잘 구별하지 못하는 사람도 있습니다. 이런 사람을 일컫는 말이 색맹입니다. 흔히 사람들은 색맹이라고 하면 아무 색도 보이지 않고 세상이 흑백으로 보인다고 착각합니다. 사실은 그렇지 않습니다. 색을 볼 수 있는 것은 우리 눈에 들어 있는 시세포 때문입니다. 시세포는 빨간색, 초록색, 파란색을 느낄 수 있습니다. 이 세 가지 색의 세포가 자극을 받으면 세포의 흥분 정도에 따라 모든 색의 빛을 느낄 수 있습니다. 색맹이란 그 세 가지 세포 중 하나에 이상이 생긴 경우가 대부분입니다. 그러므로 색맹도 어느 정도는 색을 구별할 수 있습니다.

색맹 가운데 가장 많이 나타나는 것이 적록색맹입니다. 적록색맹은 붉은

색과 녹색을 구분하지 못하는 색맹입니다. 두 색이 모두 무색이거나 누런 색으로 보입니다. 적색맹은 붉은색을 보는 데에 문제가 있는 색맹으로, 붉은색과 그 반대색인 청록색이 무색이나 흰색으로 보입니다. 녹색맹은 붉은색과 그 반대색인 청록색을 가려내지 못하는 색맹으로서, 각 색채의 밝고 어두운 정도는 가려낼 수 있습니다.

그렇다면 색맹 증상은 왜 생길까요? 색맹은 타고납니다. 색맹은 부모님에게 물려받고, 그 사람이 어른이 되어 부모님이 되었을 때 또 자기 아이에게 물려줄 수 있습니다. 색맹은 유전자에 의해서 결정되고, 그 유전자는 성염색체 위에 숨어 있습니다. 우리 몸을 결정하는 염색체는 세포 하나당 총 46개인데, 그중 두 개는 성을 결정합니다. 남자는 XY, 여자는 XX로 표현합니다.

성염색체

남자와 여자의 성을 결정하는 데 관여하는 염색체입니다. 사람의 경우 여자는 X염색체 두 개를, 남자는 X염색체와 Y염색체를 하나씩 갖습니다.

색맹을 결정하는 유전자는 X염색체에 있습니다. 그렇다면 X가 두 개인 여자가 색맹에 걸릴 확률이 높을까요? 오히려 그 반대입니다. 남자는 색맹인 X염색체가 하나라도 있으면 색맹이 되지만, 여자는 색맹인 X염색체가 반드시 두 개 있어야 색맹이 되기 때문이에요. 다음은 몇 가지 집안의 색맹에 대한 유전 현상을 표시한 가계도입니다.

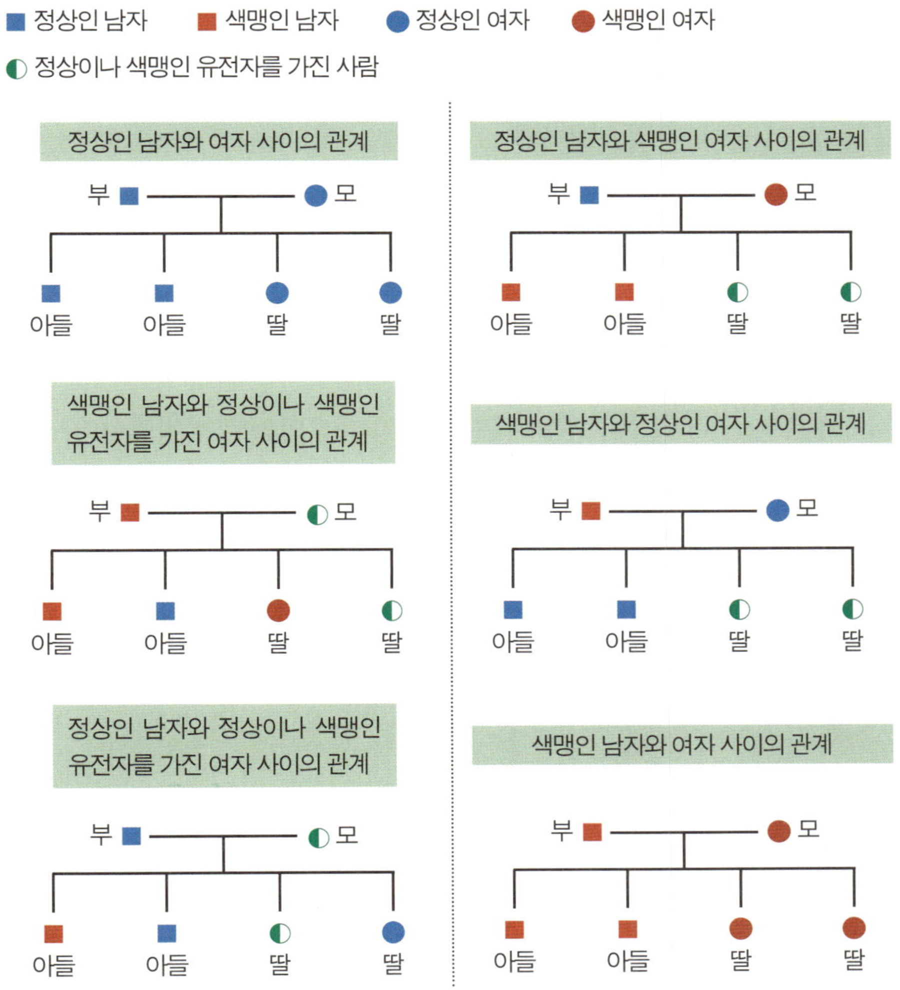

가계도

가족 간의 관계를 빠르게 알아보고 필요한 정보를 손쉽게 얻기 위해서 만드는 그림입니다. 가계도는 유전학을 연구하는 기초 자료가 됩니다. 우리 집안의 가계도를 그리면 내 겉모습의 특징이 부모님 중 어떤 분께 받았는지 알 수 있습니다.

탈무드

유대인의 법도와 생활을 담은 굉장히 오래된 책입니다. 팔레스타인 혹은 이스라엘 탈무드와 바빌로니아 탈무드가 있는데, 보통 뒤의 것을 이릅니다. 탈무드는 오늘날에도 유대인 정신문화의 원천으로 높이 평가받습니다.

그림을 보면 알 수 있듯이, 엄마에게 색맹 유전자가 있으면 아들은 무조건 색맹이 됩니다. 아빠나 엄마가 색맹이라도 두 분 중 한 분이 정상이면 딸은 색맹이 아닐 수도 있습다. 색맹처럼 성염색체인 X염색체 위에 유전자가 숨어 있어서 남자와 여자에게 유전될 수 있는 확률이 다른 경우를 반성유전이라고 합니다.

혈우병

반성유전의 예는 색맹 외에도 혈우병이 있습니다. 혈우병이란 조그만 상처에도 피가 나고 잘 멎지 않는 병을 말합니다. 피가 났을 때 혈액이 제대로 응고되지 않기 때문입니다. 혈우병은 탈무드에도 나오는, 아주 오래전부터 있었던 질병입니다. 혈우병이 유명해진 것은 영국 왕실에 혈우병이 등장하면서부터입니다. 빅토리아 여왕이 이 혈우병의 유전자를 가지고 있기 때문에 그 아들들에게 유전된 것이 문제가 되었습니다. 빅토리아 여왕은 혈우병 환자가 아니었습니다. 그녀는 색맹의 경우처럼 X염색체 두 개 모두 혈우병 유전자가 있지는 않았기 때문입니다. 하지만 아들에게 혈우병 유전자가 있는 X염색체를 전달해 주면서 아들들이 혈우병이 걸린 것입니다.

특별한 치료 방법이 없던 옛날에 혈우병 환자는 한번 외출할

때에도 많은 신경을 써야 했습니다. 혹시 넘어지거나 다쳐 피가 나면 멈추지 않기 때문입니다. 다행히 요즘에는 주사로 혈액을 응고시키는 인자를 미리 몸속에 넣어 피가 나도 금방 멎을 수 있게 예방할 수 있습니다. 하지만 한번 주사를 맞는다고 완치되는 건 아니기 때문에 평생 조심해야 하는 질병입니다.

과다이모증

색맹과 혈우병이 X염색체에 의해 나타난다면 남자에게만 있는 성염색체인 Y염색체에 의해 유전되는 병도 있습니다. 귓속에 털이 많이 나는 병, 과다이모증이 그 예입니다. 과다이모증이 있는 사람은 보통 사람에 비해 귀에 털이 굉장히 많이 납니다. 이것은 Y염색체 위에 유전자가 있기 때문에 아빠에게 이 유전병이 있다면 아들은 반드시 그 유전병을 물려받습니다. 아들의 성염색체는 XY이고, Y는 남자인 아빠에게만 있으니까요. 이와 같이 한 성에게만 나타나는 유전을 한성유전이라고 합니다.

TIP 요건 몰랐지?

대머리는 유전

대머리는 남성호르몬 때문에 나타난다.

대머리는 머리카락이 빠져서 나지 않는 것이 아니고 점차 가늘어져 솜털로 되는 증상입니다. 머리카락은 일정 기간 동안 자라고 나면 빠지고 새로이 납니다.

사람의 머리카락은 3년 동안 자란 다음 빠지고 다시 그 자리에서 3개월 후 새로운 머리카락이 납니다. 머리카락은 약 10만 개가 있으며 이 중 하루에 70개 정도가 빠지고 3개월 전에 빠진 70개의 머리카락은 새로 자라납니다. 따라서 정상적인 경우 항상 8만 개 정도의 머리카락을 유지합니다. 하지만 대머리 증상이 나타나면 머리카락이 자라나는 구멍이 작아집니다. 그 구멍이 작아지면 머리카락의 굵기도 가늘어지고, 머리카락이 자라고 빠지는 기간이 짧아집니다. 새로 자란 털은 더욱 가늘어지지요. 대머리가 계속 진행되면 머리카락은 솜털로 변하고, 조금 자란 후에 빠져 버리고 맙니다.

대머리는 주로 남자에게 많이 나타나며, 기본적으로 유전입니다. 보통 남자에게 나타나기 때문에 색맹처럼 반성유전이라고 생각하기 쉽지요. 하지만 대머리는 성염색체에 의해 유전되는 반성유전은 아닙니다. 이 대머리 증상은 남성호르몬 때문에 주로 남자에게 나타나는 것입니다. 남성호르몬이 머리카락이 자라는 구멍을 막아 버립니다.

사람의 여러 가지 유전형질

환경의 영향을 받는 유전형질

사람에게 나타나는 유전형질은 굉장히 많습니다. 아래 표를 보면 여러 가지 유전형질과 어느 쪽이 우성형질인지 알 수 있습니다.

사람은 보통 우성형질이 더 많이 나타난다고 알고 있습니다. 하지만 한국 사람을 잘 살펴보면 쌍꺼풀이 있는 사람보다 없는 사람이 더 많습니다.

■ 사람의 여러 가지 유전형질

유전형질	우성 〉 열성
머리카락 색	검은색 〉 갈색 〉 금발
머리털 모양	곱슬머리 〉 직모
눈꺼풀	쌍꺼풀 〉 외꺼풀
눈동자 색	검은색 〉 갈색 〉 푸른색
피부색	검은색 〉 황색 〉 백색
지능	우수 〉 열등
키	작은 키 〉 큰 키
주근깨	있는 것 〉 없는 것
색맹	정상 〉 색맹
귀머거리	정상 〉 선청성 귀머거리
미맹	정상 〉 PTC 미맹

미맹

맛을 보는 감각에 장애가 있어서 보통 사람이 느낄 수 있는 맛을 느끼지 못하는 상태를 가리킵니다. 미맹을 가려내는 물질로는 PTC 용액이 있습니다. 정상인은 이 용액을 쓴맛으로 느끼지만 미맹인 사람은 아무 맛도 못 느끼거나 다른 맛으로 느낍니다.

주근깨도 없는 사람이 더 많고, 주근깨가 있다 해도 어느 정도인지 눈으로 정확히 판단할 수는 없습니다. 따라서 우성형질이라고 항상 더 많은 사람이 가지고 있지는 않습니다. 부모님의 유전자와 비교해서 조사해야 정확하게 알 수 있습니다.

미맹이나 혀 말기는 관여하는 유전자가 한 쌍이기 때문에 우성과 열성의 관계가 정확히 드러납니다. 이것을 단일 인자 유전이라고 합니다. 하지만 키, 지능, 몸무게 같은 것은 관여하는 유전자가 굉장히 많기 때문에 우성과 열성이 분명히 나타나지 않습니다. 이것을 다인자 유전이라고 합니다. 따라서 이런 유전형질은 환경의 영향을 더 많이 받습니다. 매우 뚱뚱한 사람과 굉장히 마른 사람보다는 표준 체중에 든 사람이 가장 많고, 아주 똑똑한 사람과 매우 지능이 떨어지는 사람보다는 보통 지능을 가진 사람이 많기 때문에 똑똑한 사람이 드뭅니다.

개체변이와 돌연변이

사람의 유전을 연구하다 보면 이상한 점이 발견됩니다. 분명히 부모님에게 없는 형질이 갑자기 자식에게 생기곤 해요. 그 집안에 어떤 타고난 질병이 있는 사람이 없는데도 갑자기 자식에게서 어떤 질병이 나타납니다. 이렇게 부모에게 없는 형질이 갑자기 자식에게 나타나는 것을 변이라고 합니다. 변이는 환경의 영향으로 나타나기도 하고, 유전자나 염색체에 의해 나타나기도 합니다. 환경의 영향을 받아 나타난 변이는 개체변이, 유전자나 염색체의 영향으로 나타나는 변이를 돌연변이라고 부릅니다. 개체변이는 환경의 영향을 받아 생기므로 유전되지 않고, 돌연변이는 엄마와 아빠가 자식에게 유전자를 전달해 줄 때 문제가 생겨서 나타납니다.

돌연변이의 예, 다운증후군

사람의 세포 하나 속에는 46개의 염색체가 있습니다. 그것을 반으로 줄여 23개를 자식에 물려주지요. 그런데 23개가 아니라 22개, 또는 24개의 염색체가 전달되기도 합니다. 이 경우, 아이는 보통 사람보다 한 개 더 많거나 한 개 더 적은 염색체를 갖게 됩니다. 한 개 더 많거나 더 적은 염색체를 물려받은 아이는 병을 가지고 태어날 수밖에 없습니다. 다운증후군이 그 예입니다.

사람의 46개 염색체에는 두 개씩 묶여 번호가 붙습니다. 그렇다면 총 23번까지 번호가 붙겠지요. 23번은 성염색체이고, 1번부터 22번까지는 우리 몸의 형질을 나타내 주는 유전자를 가지고 있습니다. 그중 21번 염색체가 두 개가 아닌 세 개인 사람도 있습니다. 다운증후군이 바로 이에 해당합니다. 다운증후군의 염색체를 갖게 되면 지능이 부족한 지적 장애를 겪게 되고, 심장의 모양이 기형이 되는 수도 있습니다. 또 자라는 속도도 떨어져 몸이 잘 크지 않기도 합니다. 다운증후군을 겪는 사람의 얼굴도 보통 사람과 조금 다릅니다. 양 눈

다운증후군을 겪는 아이.
ⓒ Emily Walker@the Wikimedia Commons

사이의 거리가 멀고, 혀가 두꺼워 입을 다물 수가 없어서 침을 흘리고 다니는 경우도 있습니다.

그 밖의 돌연변이

터너증후군은 X염색체 수가 하나 적어 총 45개의 염색체를 가지고 있습니다. 정상적인 성염색체 XX에서 X가 하나 없는 것입니다. 터너증후군은 Y염색체가 없으므로 겉보기에는 여자입니다. 하지만 X가 하나밖에 없어서 2차성징이 나타나지 않고, 어른이 되어서도 임신할 수 없습니다.

비슷한 예로 클라인펠터증후군이 있습니다. 보통 성염색체는 XX, XY 둘 중 하나인데 클라인펠터증후군은 다른 사람보다 성염색체가 하나 더 많아서 XXY의 염색체를 갖습니다. Y가 있기 때문에 겉보기에는 남자이지만 2차성징이 나타나면서 유방이 커지는 등의 특징도 보입니다. 또한 클라인펠터증후군 역시 어른이 되어도 아이를 낳을 수 없습니다.

2차성징

1차성징은 태어나면서 남자와 여자를 구분할 수 있는 외부 생식기관의 차이를 말합니다. 2차성징은 생식기관 외에 남자 여자에 따라 나타나는 독특한 특징을 가리킵니다. 사람에게는 남성의 근골이나 수염, 여성의 피부밑 지방이나 유방 따위가 있습니다.

TIP 요건 몰랐지?

변이의 발견

변이는 네덜란드의 생물학자 휘호 더프리스가 발견했습니다. 더프리스는 달맞이꽃을 재배하던 중 원래 꽃에 비해 훨씬 큰 달맞이꽃을 발견했습니다. 이 점을 이상하게 생각한 더프리스는 부모에게 없던 형질이 갑자기 등장한 것에 대해 연구했습니다. 그 결과 부모에게 없던 형질이 나타나는 현상을 변이라고 정의하고, 이것이 다음 세대에 전달된다는 사실을 알아냈습니다. 더프리스는 이러한 돌연변이에 의해 새로운 종이 생긴다는 것은 변이에 의해 진화가 일어나는 증거라고 주장했습니다.

큰달맞이꽃. 1901년, 더프리스는 원래 꽃보다 큰 달맞이꽃을 보고 변이를 연구하기 시작했다.

Q&A 꼭 알고 넘어가자!

문제 1 엄마가 B형, 아빠가 A형, 내가 O형이라면 엄마 아빠의 혈액형 유전자형은 어떻게 될까요?

문제 2 여자보다 남자에게 색맹이 더 많이 나타나는 이유는 무엇인가요?

3. 부모님에게 없는 형질이 갑자기 자식에게 생기는 현상을 변이라고 합니다. 돌연변이는 염색체의 영향으로 나타난 변이를 일컫습니다. 사람의 세포 하나 속에는 46개의 염색체가 있습니다. 그것을 반으로 줄여 23개를 자식에게 물려줍니다. 그런데 23개가 아니라 22개, 24개의 염색체가 전달되는 경우도 있습니다. 한 개 더 많거나 더 적은 염색체를 물려받은 아이는 병을 가지고 태어날 수밖에 없겠지요. 다운증후군이 21번 염색체가 두 개가 아닌 세 개인 경우입니다.

문제 3 돌연변이란 무엇이며, 왜 이 현상이 나타나나요?

정답

1. 내가 O형이라면 엄마 혈액형의 유전자형은 BO이고, 아빠 혈액형의 유전자형은 AO입니다. 적어도 엄마 아빠에게 하나씩은 받아야 하고, O형이 되기 위해서는 유전자형이 OO여야 하기 때문입다. 엄마의 BO에서 O와 아빠의 AO에서 O가 나한테 온 것입니다.

2. 색맹은 유전자에 의해서 결정되고, 그 유전자는 성염색체 위에 숨어 있습니다. 우리 몸을 결정하는 염색체는 세포 하나당 총 46개인데, 그중 두 개는 성을 결정합니다. 남자는 XY, 여자는 XX로 표현하지요. 색맹을 결정하는 유전자는 X염색체에 있습니다. 남자는 색맹인 X염색체가 하나라도 있으면 색맹이 되지만, 여자는 색맹인 X염색체가 반드시 두 개 있어야 색맹이 되기 때문에 남자가 더 색맹이 될 확률이 높습니다.

관련 교과

초등 5학년 1학기 1. 지구와 달
초등 5학년 2학기 1. 환경과 생물
초등 6학년 1학기 4. 생태계와 환경
중학교 3학년 8. 유전과 진화

3. 진화란 무엇인가요?

유전이란 엄마와 아빠가 가진 형질이 자손에게 전달되는 과정입니다. 유전이 일어날 때, 부모님에게 없는 형질이 자식에게 나오는 경우가 있습니다. 이 자식이 어른이 되어서 다시 자손을 낳으면 또 다른 형질이 나타나기도 합니다. 이렇게 모든 생물은 세대를 거듭하면서 조금씩 변해 갑니다.

진화가 일어나는 이유

창조론

세상 모든 것이 신의 행위로 만들어졌다는 종교 이론입니다. 그리스도교의 창조설이 가장 많이 알려졌습니다. 성서는 하나님이 단지 말씀만으로 우주 만물을 창조했다고 말합니다.

진화론

생물은 창조되는 것이 아니라 진화한다는 주장입니다. 넓은 의미에서는 생물의 진화에 관해 연구하는 학문 분야를 말합니다. 진화론은 고대 그리스 시대부터 논의되었고, 1859년에 영국의 생물학자 다윈이 《종의 기원》에서 진화론을 체계적으로 정리했습니다.

여러분은 창조론을 믿나요, 진화론을 믿나요? 창조론은 그 종교의 신자라면 믿을 수 있어도 그 밖의 사람까지 설득하기는 어렵습니다. 진화론은 사람이 원숭이 같은 유인원에서부터 변해 왔다는 주장입니다. 그렇다면 그 유인원은 어디에서 왔을까요? 유인원은 그것보다 훨씬 더 하등한 동물에서 변화되어 만들어졌다는 것이 진화론입니다.

아주 하등한 미생물로부터 진화가 일어나 지금 우리 같은 사람이 만들어졌다는 것이 정말 사실일까요? 만약 원숭이가 진화되어 사람이 되었다면 지금도 원숭이는 사람으로 조금씩 변해야 합니다. 또 정말 원숭이가 사람으로 진화했다면 중간 단계의 동물이 있어야 하는데 우리 주위에는 그런 동물이 없습니다. 따라서 진화론도 무조건 옳다고 볼 수 없습니다. 하지만 생물의 여러 흔적을 살펴보면 진화는 분명히 일어나고 있습니다.

진화가 일어나는 이유는 무엇일까요? 변이 때문입니다. 만약 변이가 일어나지 않는다면 항상 부모님과 같은 형질만 나타나기 때문에 새로운 생명체는 생길 수 없습니다. 부모님에게 없던 형질이 나타나고 그것이 다음 세대로 전달되면 새로운 방향으로 형질이 조금씩 변화될 수밖에 없습니다.

생존경쟁

생물이 한정된 먹이나 살 장소를 차지하기 위해 서로 벌이는 경쟁을 말합니다. 다윈이 진화론을 설명하기 위해 만든 핵심 개념입니다.

진화는 변이 때문에 생기기도 하지만 생물 간 생존경쟁 때문에도 생깁니다. 요즘은 자매나 형제 없이 외아들, 외동딸로 크는 사람도 많지요. 하지만 옛날에는 형제자매가 대여섯 명씩 있던 집이 많았습니다. 그리고 그 당시에는 먹을거리도 많지 않아서 간식이 집에 있으면 서로 먹으려고 많이 다투었습니다. 이처럼 많은 생명체가 생기면 먹이를 두고 다툴 수밖에 없습니다. 그야말로 생존을 위한 경쟁이지요. 다른 예를 들어 볼까요. 다람쥐가 갑자기 많이 나타나 한 공간에 100마리가 있다고 가정해 보세요. 그런데 그 공간 안에는 도토리가 50개밖에 없어요. 그러면 먹이를 차지하지 못한 다람쥐는 굶어 죽을 수밖에 없겠지요. 먹이를 차지할 수 있던 다람쥐는 어떤 다람쥐였을까요? 일단 도토리를 찾아다니기 쉽게 빨릴 달릴 수 있는 다람쥐가 먹이를 쉽게 차지할 것입니다. 100마리의 다람쥐 중 달리기가 빠른 다람쥐가 먹이를 차지하는 데에 당연히 유리합니다. 달리기가 빠른 다람쥐만 살아남고 느린 다람

쥐는 서서히 사라질 수밖에 없어요. 이것은 곧 지금 살아남은 모든 다람쥐는 빠르다는 증거가 됩니다.

이렇게 처음에 많은 개체 사이에 생존경쟁이 일어나 살아남기 좋은 형질 쪽으로 진화가 일어나는 것을 자연선택이라고 합니다.

북극여우와 사막여우의 모습을 본 적이 있나요? 북극여우는 귀가 굉장히 작고 몸집이 큽니다. 그에 반해 사막여우는 귀가 굉장히 크고 몸집이 작지요. 몸집이 크면 그만큼 열을 많이 만들어 낼 수밖에 없기 때문입니다. 귀는 몸에서 만들어 낸 열을 내보내는 역할을 합니다. 사막여우의 경우는 더운 지역이기 때문에 체온을 떨어뜨려야 하므로 귀가 커질 수밖에 없습니다. 마찬가지로 북극여우의 귀가 작은 이유는 밖으로 열을 빼앗기지 않기 위해서입니다. 이와 같이 생명체가 사는 환경에 적응하는 것도 진화의 한 과정입니다.

북극여우.

사막여우. © Keven Law@the Wikimedia Commons

TIP 요건 몰랐지?

인류와 유인원

사람은 도대체 어떻게 진화해 왔을까요? 사람과 유인원을 구별하는 기준은 두개골의 용량, 목뼈 위에 머리가 놓인 모양, 턱이나 이마가 돌출된 정도입니다. 가장 오래된 유인원은 오스트랄로피테쿠스입니다. 지금으로부터 약 300만 년 전에 나타났고, 두개골의 용량은 400~700cc 정도 되었다고 합니다. 오스트랄로피테쿠스라는 단어의 뜻은 '남방의 원숭이'입니다. 원숭이와 모습이 비슷하다고 해서 붙은 이름입니다. 오스트랄로피테쿠스는 똑바로 서서 걸을 수 있었고, 돌이나 나무를 이용할 수 있었습니다. 키는 1m 정도로 작은 편이었으며, 수명이 약 10년이었다고 합니다.

그다음은 베이징인 또는 자바인입니다. 베이징인은 약 50만 년 전에 출현했고, 두개골의 용량은 약 800~1400cc였습니다. 오스트랄로피테쿠스와는 다르게 불을 사용했고 간단한 언어로 의사소통을 할 수 있었습니다.

그 후 약 20만 년 전에 출현한 네안데르탈인은 두개골의 용량이 현대인과 비슷한 1300~1600cc였으며, 사냥 도구를 사용했고, 사람이 죽으면 땅에 묻는 풍습을 가지고 있었다고 합니다. 현생 인류인 크로마뇽인은 약 3~4만 년 전에 출현했습니다. 두개골의 용량은 1400~1800cc 정도였고, 동굴 벽화를 그리기도 했습니다.

원숭이 (유인원) → 오스트랄로피테쿠스 → 베이징인 → 네안데르탈인 → 크로마뇽인

소진화와 대진화

단세포

하나의 개체가 한 개의 세포로 이루어진 생물을 말합니다. 가장 단순한 생물로 아메바, 짚신벌레, 박테리아 따위가 있습니다. 참고로 사람 몸의 세포는 60조 개입니다.

진화는 크게 소진화와 대진화로 나뉩니다. 소진화는 같은 생물 범위 안에서 일어납니다. 다람쥐의 예를 다시 들면 처음에는 빠른 것, 보통, 느린 것 이렇게 여러 종류가 있었지만 빠른 다람쥐만 살아남았습니다. 이렇게 빠른 다람쥐로만 진화했다면 현재 있는 다람쥐보다 앞으로 태어날 다람쥐가 더 빠를 수밖에 없겠지요. 한 생물 안에서 다른 생물로 변해 가는 것이 아니라 환경에 따라

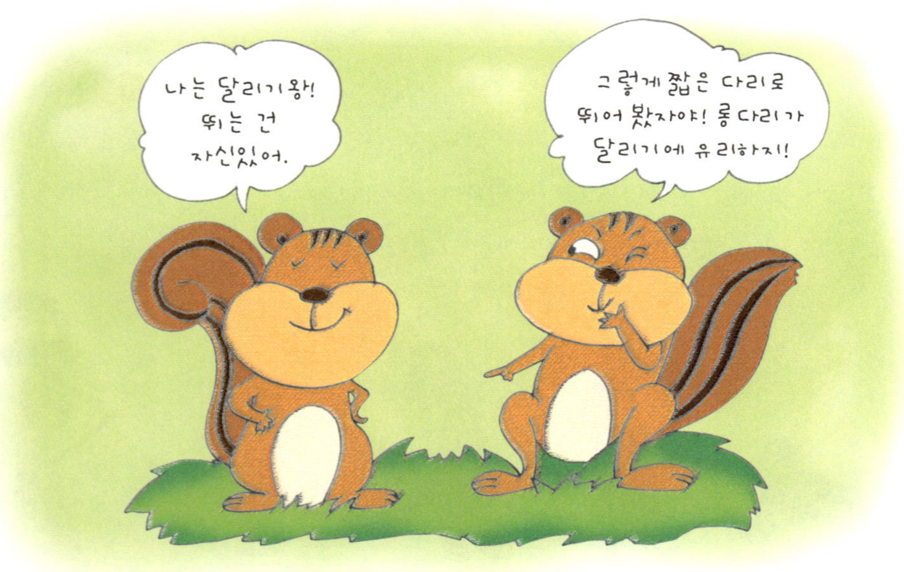

능력만 변하는 것을 소진화라고 합니다. 미국의 유전학자 도브잔스키가 이 말을 처음으로 사용했습니다.

소진화는 생명체는 변하지 않기 때문에 수평적 진화라고도 합니다. 수평적 진화는 사람이 태어나 죽기 전에 이 진화를 관찰할 수 있을 정도로 잠시 동안 진행됩니다. 예를 들면, 우리가 스트레스를 받거나 미생물에게 공격당했을 때 방어하려는 행동으로 이어져 우리 몸이 조금씩 변할 수 있습니다. 사람도 환경에 따라 몸의 형태가 조금씩 달라질 수 있으므로 소진화가 일어날 수 있습니다.

소진화가 계속 이어지면 대진화가 됩니다. 대진화란 수직적으로 진화가 진행되는 것입니다. 어떤 생물이 지금과 전혀 다른 생명체로 변해 가는 과정을 말하지요. 대진화는 지구의 모든 생물이 단세포 생명체에서 출발해 지금처럼 다양한 생명체를 이루었다는 주장입니다. 그렇다 보니 진화가 진행되는 시간이 너무 오래 걸린다는 것이 특징입니다. 시간이 너무 오래 걸리는 탓에 실험할 수도 관찰할 수도 없다고 생각하는 사람도 있습니다. 변화되는 것을 증명할 길이 거의 없기 때문이에요. 그래서 많은 과학자가 한 생명체가 조금씩 모양이 변하는 소진화를 겪다 보면 오랜 시간 뒤 전혀 다른 생명체가 나타나리라고 생각하고 있습니다. 소진화와 대진화를 정확히 구분 짓기가 어렵다는 뜻입니다. 미국의 유전학자 골트슈미트가 대진화론을 주장했습니다.

테오도시우스 도브잔스키
Theodosius Dobzhansky, 1900~1975

소련에서 태어난 미국의 유전학자입니다. 초파리를 재료로 유전학을 연구하여 염색체에 생기는 이상 현상이 생물의 진화에 크게 영향을 미친다고 주장했습니다.

리하르트 골트슈미트
Richard Goldschmidt, 1878~1958

독일에서 태어났으나 1942년 미국으로 귀화한 동물학자이자 유전학자입니다. 초파리 실험으로 유전자만이 형질을 결정하는 것이 아니라는 주장을 펼쳤습니다.

지구의 역사

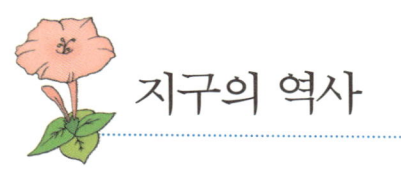

지구의 역사는 지금으로부터 약 45억 년 전부터 시작되었습니다. 하지만 사람이 지구에 살게 된 것은 약 1만 년 전부터입니다. 그사이 긴 시간 동안 지구에는 어떤 생물이 살았을까요?

약 45억 년 전에 지구가 처음 만들어졌을 때 지구를 둘러싸고 있는 공기층은 지금과 매우 달랐습니다. 지금은 대기에 질소와 산소가 대부분을 차지하지만 원시 지구에서는 메탄가스, 암모니아, 수소, 수증기가 대부분이었습니다. 또 이때는 오존층이 없어서 자외선이 너무 강했기 때문에 생명체는 도저히 육지 위에서 살 수 없었습니다. 바닷물 역시 몹시 뜨거워서 바닷속에도

생명체가 살기는 어려웠습니다. 하지만 천둥과 같은 강한 힘이 지구에 가해지면서 지구에도 영양분이 생겼습니다. 그리고 비가 내리면서 지구는 조금씩 식어 갔지요. 그것이 약 35억 년 전입니다. 그 후 처음으로 생명체와 비슷한 코아세르베이트라는 단백질 덩어리가 등장했어요. 코아세르베이트는 주위 양분을 이용해 점점 크고 어느 정도 자라면 둘로 나뉘어 그 수가 증가합니다. 마치 생명체가 세포분열을 통해 개체 수를 늘리는 것과 같아 보여서 코아세르베이트를 원시 생명체의 기원이라고 생각했습니다. 하지만 코아세르베이트는 세포로 이루어져 있지 않고, 유전자도 없기 때문에 생명체라고 하기에는 무리가 있습니다.

세포분열

한 개의 세포가 두 개의 세포로 나뉘어 세포의 수가 늘어나는 현상을 말합니다. 이 과정에서 분열되는 세포를 모세포, 분열되어 새로 나온 세포를 딸세포라고 해요.

지구에 등장한 최초의 생명체는 약 30억 년 전에 나타났습니다. 원시 지구 바다의 풍부한 영양분을 먹고 사는 동물이라고 추측됩니다. 하지만 그 당시에는 산소가 없었기 때문에 미생물처럼 산소 없이 호흡했으리라고 짐작됩니다. 그 후 이 생물의 호흡으로 인해 대기에 이산화탄소가 굉장히 많아졌습니다. 이산화탄소, 물, 빛이 있다면 광합성을 하는 식물이 생기겠지요. 이때 생겨난 최초의 식물이 남조류입니다. 남조류가 나타난 것은 약 20억 년 전입니다. 광합성을 하는 식물이 번식하면서 지구 대기에는 많은 산소가 생겼습니다. 그러자 산소에 민감한 생물체는 멸종하게 되었지요. 하지만 충분한 산소 덕분에 지구에는 많은 생물이 나타났습니다. 그것이 약 10억 년 전입니다. 그때에는 원시 지렁이가 물속을 기어 다녔어요. 그 후 선캄브리아대, 고생대, 중생대, 신생대를 거치면서 지금처럼 생물이 진화하게 되었습니다.

■ 지구 생명의 역사

45억 년 전 지구.
생명체가 살 수
없는 환경이었다.
35억 년 전 지구.
비가 내려
지구가 조금씩
식었다.
30억 년 전 지구.
최초의 생명체가
등장했다.
20억 년 전 지구.
산소를 만드는 식물
남조류가 나타났다.
10억 년 전 지구.
물속을 기어 다니는
원시 지렁이가
나타났다.

TIP 요건 몰랐지?

지질시대의 생물

지질시대란 지구가 만들어진 시기부터 인류가 나타나기 시작한 1만 년 전까지를 가리킵니다. 지질시대의 총 기간의 대부분은 선캄브리아대입니다. 이때는 생명체가 살기 어려운 때였기 때문에 이 시대의 화석은 거의 발견되지 않습니다. 하지만 갑자기 지구가 따뜻해지고 오존이 생기면서 많은 생물이 나타나기 시작했습니다. 이때가 고생대입니다. 척추동물의 발달 정도를 비교해 보면 어류, 양서류, 파충류, 조류, 포유류 순입니다. 어류와 양서류는 고생대, 파충류와 조류는 중생대, 포유류는 신생대에 주로 번성했습니다. 이 과정을 보면 척추동물도 하등한 생명체에서부터 고등한 동물까지 조금씩 진화해 왔다는 사실을 알 수 있습니다.

다들 웃기고 있네! 내가 너희들 다 잡아먹을 수도 있어!
꺄호! 모두 내가 잡아주지!
무슨 소리! 난 육지에서도 살 수 있다고!
개굴아! 물속에 사는 우린 서로 비슷하지?

Q&A 꼭 알고 넘어가자!

문제 1 진화가 일어나는 원인은 무엇인가요?

문제 2 진화는 크게 소진화와 대진화로 나뉩니다. 소진화와 대진화의 뜻은 무엇인가요?

2. 한 생물에서 다른 생물로 변해 가는 것이 아니라 능력만 변하는 것을 소진화라고 합니다. 가령 사람이 스트레스를 받거나 미생물에게 공격당했을 때 방어하려는 행동으로 이어져 우리 몸이 조금씩 변할 수 있습니다. 대진화란 소진화가 계속 이어져 지금과는 전혀 다른 생명체로 변해 가는 과정을 말합니다. 모든 생물이 단세포 생명체에서 출발하여 지금처럼 다양한 생명체를 이루었다는 것입니다.

3. 지금은 공기에 질소와 산소 기체가 대부분을 차지하지만 원시 지구엔 메탄가스, 암모니아, 수소, 수증기가 대부분이었습니다. 또 이때는 오존층이 없어서 자외선이 너무 강했기 때문에 생명체는 도저히 육지 위에서 살 수 없었습니다. 바닷물도 몹시 뜨거워서 그 속에서도 생명체가 살 수 없었습니다.

문제 3 약 45억 년 전 지구가 처음 만들어졌을 때에는 생물체가 살 수 없었어요. 원시 지구의 환경이 어떠했기에 생물체가 살 수 없었나요?

정답

1. 첫째, 변이 때문입니다. 만약 변이가 일어나지 않는다면 항상 부모님과 같은 형질만 나타나기 때문에 새로운 생명체는 생길 수 없습니다. 부모님에게 없던 형질이 나타나고 그것이 다음 세대로 전달되면 새로운 방향으로 형질이 조금씩 변화될 수밖에 없습니다. 둘째, 생존경쟁 때문에 생깁니다. 예를 들어 달리기가 빠른 다람쥐와 느린 다람쥐 중 어느 쪽이 먹이를 얻는 데에 유리할까요? 당연히 달리기가 빠른 다람쥐입니다. 현재 살아남은 다람쥐는 달리기가 빠르겠고, 앞으로 살아남을 다람쥐는 지금 다람쥐들보다 더 빨리 달릴 수 있도록 진화할 것입니다.

관련 교과

초등 4학년 2학기 1. 식물의 세계
중학교 1학년 6. 식물의 영양
중학교 3학년 1. 생식과 발생, 8. 유전과 진화

4. 여러 가지 진화론

진화에 대한 의견은 아직도 여러 갈래로 나뉩니다. 매우 오래전부터 진화에 관한 학설이 많았고, 아직까지 확실한 결론은 나지 않았습니다. 그렇다고 해도 진화를 설명하지 않으면 원시 지구부터 지금의 우리가 있기까지의 과정을 설명할 수 없습니다. 그래서 진화는 지금도 계속 연구되고 있습니다.

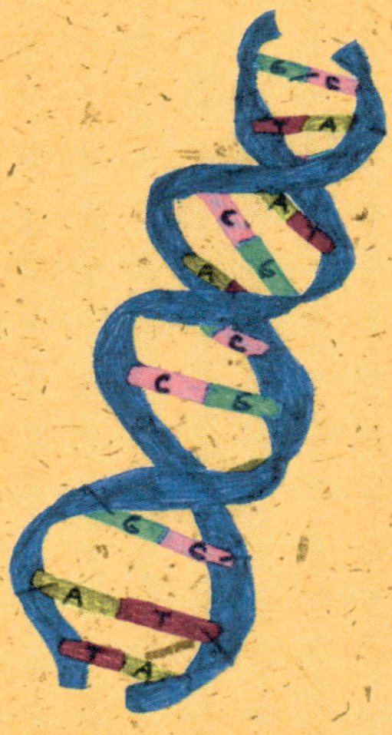

라마르크의 용불용설

장 바티스트 라마르크
Jean Baptiste Lamarck,
1744~1829

북프랑스의 귀족 가문에서 태어나 소년 시절을 신학교에서 보냈습니다. 어른이 되어 평범한 직장 생활을 하던 그는 식물원 견학에서 자극을 받아 식물학을 공부하게 되었습니다. 용불용설을 주장하기 앞서 라마르크는 생명은 가장 단순한 형태에서 변화되어 형성된다는 자연발생설을 주장했습니다. 이것이 여러 기관을 발달시키고 진화시킨다고 했지요.

라마르크라는 학자는 기린으로 진화를 설명했습니다. 그의 주장에 따르면 기린은 처음엔 목이 지금처럼 길지 않았습니다. 하지만 기린은 바닥에 있는 풀만으로는 양이 몹시 부족해 나뭇잎을 따 먹기 시작했다는 것입니다. 처음에는 목이 짧아서 나뭇잎을 먹을 수 없었지만 노력해서 조금씩 목을 늘렸다고 합니다.

사람에게도 비슷한 예가 있습니다. 길을 가다 넘어져서 다리뼈가 부러지면 병원에서 깁스를 하지요. 그러면 다친 쪽 다리를 잘 쓰지 않고 건강한 쪽 다리를 많이 사용하여 몸을 움직이게 됩니다. 그 결과 쓰지 않는 다리의 근육량은 적어져 점점 얇아지고 건강한 다리는 운동량이 증가하여 근육이 더 발달합니다. 하지만 이런 경우는 오랫동안 일어나는 일이 아니기 때문에 그 차이는 무시할 만큼 작습니다. 그에 반해 기린은 여러 세대를 거쳐 노력해 오랜 시간 동안 목을 늘렸기 때문에 목이 길어질 수도 있습니다. 이렇게 목이 길어진 기린끼리 교배하여 새로 태어난 아기 기린은 엄마 아빠를 닮아 태어날 때부터 목이 길다는 것이 라마르크의

■ 용불용설로 본 기린의 진화

초기의 기린은 나뭇잎을 따기에는 목이 너무 짧았다.

차츰 목을 쓰게 되어 그 자손은 약간 긴 목을 가지게 되었다.

오늘날과 같이 긴 목을 가지게 되었다.

주장입니다.

라마르크의 이 주장을 용불용설이라고 합니다. 계속 사용하는 기관은 발달하고 쓰지 않는 기관은 퇴화된다는 것이 용불용설의 핵심입니다.

이 이론은 정말 사실일까요? 용불용설에는 잘못된 점이 있습니다. 앞에서 변이를 설명할 때, 개체변이를 말한 적이 있지요? 개체변이란 환경에 의해 조금씩 바뀐 형질은 자식에게 전달되지 않는다는 내용이었습니다. 기린의 목도 마찬가지입니다. 기린의 목이 처음부터 길지는 않았으므로 자식에게 전달된다는 이론은 틀린 주장입니다.

다윈의 자연선택설

라마르크의 용불용설에 이어 영국의 찰스 다윈은 자연선택설을 주장했습니다. 자연선택설을 기린으로 설명하면 쉽게 이해할 수 있습니다. 기린이 한꺼번에 너무 많은 자손을 낳았다고 생각해 보세요. 많은 기린 중에는 목이 조금 긴 기린도 있고, 조금 짧은 기린도 있겠지요. 갑자기 수가 늘어난 기린은 식량을 두고 생존경쟁을 할 수밖에 없습니다. 기린은 먼저 바닥

■ **자연선택설로 본 기린의 진화**

초기의 기린은 목 길이가 여러 가지였다.

긴 목을 지닌 것이 경쟁에서 이겨 살아남게 되었다.

긴 목을 지닌 기린이 유전되고 진화되었다.

에 있는 풀부터 모조리 먹어 치울 것입니다. 하지만 기린의 수가 너무 많으면 바닥에 있는 풀로는 부족합니다. 나무에 있는 풀까지 따 먹을 수밖에 없습니다. 목이 길고 키가 큰 기린과 목이 짧고 키가 작은 기린 중 어느 쪽이 유리할까요? 당연히 목이 길고 키가 큰 기린입니다. 목이 짧고 키가 작은 기린은 나뭇잎을 먹지 못해 죽어 버립니다. 그 결과 목이 긴 기린끼리만 교배하게 되고, 이것이 반복되다 보니 현재처럼 기린의 목이 길어졌다는 것이 다윈의 자연선택설입니다.

자연선택설을 주장한 찰스 다윈.

산업혁명

18세기 후반부터 약 100년 동안 유럽에서 일어난 생산 기술과 그에 따른 사회의 큰 변화를 일컫습니다. 영국에서 실을 만드는 방적 기계가 개량된 것을 시작으로 1760~1840년 유럽의 여러 나라에서 산업혁명이 계속 일어났습니다.

이런 현상은 영국의 맨체스터 지역에서도 발견되었습니다. 산업혁명이 일어나기 전에는 나무에 지의류라는 생명체가 살고 있어서 나무의 색깔이 밝았습니다. 그래서 후추나방도 밝은 색의 나방이 어두운 색 나방보다 많았지요. 색이 어두우면 눈에 잘 띄어 천적인 새에게 쉽게 잡아먹히기 때문입니다. 하지만 이후 공업이 발달하면서 공해가 심해졌고, 결국 지의류가 점점 죽어 갔습니다. 그 영향으로 나무의 색도 조금씩 어두워졌지요. 그 결과 밝은 나무 색과 비슷했던 후추나방의 모습이 확실히 드러났고, 새들은 흰색 후추나방을 잡아먹기 시작했습니다. 반대로 검은 후추나방은 지의류가 깔려 있을 때에는 새들의 눈에 띄어 수가 적었지만 공업이 발달하고 나무 색이 어두워지자 많아졌습니다. 바뀐 환경에서는 검은 후추나방이 흰 후추나방보다 더 살기 좋기 때문입니다. 이때 검은 후추나

검은 후추나방과 흰 후추나방. ⓒ Olaf Leillinger@the Wikimedia Commons

방은 자연에 선택되어 수가 증가했다고 말합니다. 기린도 마찬가지입니다. 목이 긴 기린이 자연에 선택되었기 때문에 생존경쟁에서 이겼고, 생존경쟁에서 이긴 특징으로 진화한 것입니다. 이 자연선택설은 현재까지 등장한 많은 진화론 중에 가장 좋은 가설로 받아들여지고 있습니다.

하지만 자연선택설도 문제점은 있습니다. 가령, 목이 긴 기린끼리 교배하여 자식을 낳아도 목이 짧은 기린이 나올 수 있다는 사실을 설명할 수는 없답니다.

그 밖의 진화론

다윈의 자연선택설이 발표된 이후 진화의 원리를 설명하고자 하는 여러 가지 학설이 발표되었습니다.

돌연변이설

1901년 네덜란드의 더프리스는 돌연변이에 의해 새로운 종이 만들어져 진화가 일어난다고 주장했습니다. 생물은 어떤 종류든 상관없이 돌연변이가 일어날 수 있다고 했지요. 돌연변이 개체 중에서 환경에 적응한 개체가 살아남으면 그의 자손을 남기게 되고, 이런 현상이 반복되어 새로운 종으로 진화한다는 학설입니다.

더프리스는 이런 현상을 14년 동안 키운 달맞이꽃에서 발견했습니다. 평소 키우던 달맞이꽃이 아니라 매우 큰 꽃이 피어나는 것을 보고는 그 꽃을 큰달맞이꽃이라고 이름 붙였습니다. 이 큰달맞이꽃이 돌연변이에 의해 생겼다고 생각했어요.

그러나 이 돌연변이설도 문제가 있습니다. 돌연변이 현상은 자주 일어나지 않기 때문입니다. 또 일어났다 해도 대부분 사는 데에 좋지 않은 영향을 주곤 합니다. 사람의 경우도 돌연변이는 질병으로 나타난다는 사실을 이미 앞에서 배웠지요.

그럼에도 불구하고 이 돌연변이설은 자연계에서 끊임없이 일어나고 유전된다는 점에서 인정되고 있습니다.

격리설

모리츠 바그너, 조지 로매너스 등은 격리설을 주장했습니다. 지리적 격리가 생물의 진화를 일으키는 주된 요인이라는 주장입니다. 같은 종의 생물이라도 바다나 높은 산맥이 가로질러 있으면 생명체가 새로이 그곳을 넘어가

■ 멧새의 부리 모양과 먹이 종류

지 못하여 한곳에서만 오래 지내게 됩니다. 각자 주어진 환경에 적응한 개체만 살아남아 그 환경에 맞게 살면서 모습이 조금씩 변한다는 것이 격리설의 주장입니다. 그 예로, 남아메리카 갈라파고스 제도의 멧새가 있습니다.

갈라파고스 제도의 멧새들은 각 섬마다 부리의 모양이 조금씩 다르답니다. 그것은 먹이와 생활 습성에 영향을 받기 때문이에요. 나무 열매를 주로 쪼아 먹고 사는 멧새는 부리가 뭉툭하게 생겼습니다. 또 어떤 멧새는 부리 끝이 딱따구리처럼 생겨 나무에 구멍을 뚫고 그 속의 벌레를 잡아먹기에 알맞게 생겼습니다. 또 다른 멧새는 곤충을 잡아먹기에 알맞은 부리 모양이랍니다.

멧새들은 원래 남아메리카 대륙에 살았는데 폭풍에 휩쓸려 갈라파고스 제도에 떨어져 살게 되었습니다. 갈라파고스는 여러 개의 섬이 모여 있는 곳이고, 섬마다 먹이와 생활환경이 조금씩 다르지요. 그 결과 각 섬의 환경에 적응하고, 지리적으로 격리되어 다른 섬의 멧새와는 교배할 수 없어 새로운 종으로 진화했습니다.

격리설은 특정 지역에 사는 생물에만 해당되기 때문에 일반적인 진화설로 인정하기는 어렵습니다. 하지만 생물의 모양이 변했다는 점에서 진화의 한 부분으로 받아들여집니다.

TIP 요건 몰랐지?

다윈과 갈라파고스 제도

앞에서 진화론 중 격리설을 공부하며 갈라파고스 제도의 멧새를 예로 들었습니다. 대체 갈라파고스 제도는 어떤 곳이기에 새로운 진화론까지 만들어 낼 만큼 중요한 역할을 했을까요?

갈라파고스 제도는 남아메리카 에콰도르에서 서쪽으로 약 1,000km 떨어진 곳에 크고 작은 섬 19개와 많은 암초로 이루어진 화산 제도입니다. 바다 깊은 곳에서 올라온 화산의 분출물이 쌓여서 만들어진 섬들로 이루어졌습니다.

갈라파고스라는 이름은 스페인어로 바다거북이라는 뜻이에요. 이 섬이 발견되었을 당시에는 바다거북이 많았기 때문에 갈라파고스라는 이름이 붙었습니다. 정식 이름은 콜론 제도랍니다.

갈라파고스 제도가 사람들에게 널리 알려진 계기는 찰스 다윈 덕분입니다. 배를 타고 갈라파고스 제도를 방문한 생물학자 다윈은 희귀한 동물과 식물을 보고는 진화론의 실마리를 발견했습니다. 특히 되새과의 작은 새가 섬마다 조금씩 다른 먹이와 생활 조건에 따라

갈라파고스 제도의 전체 모습.

갈라파고스 제도의 바다.

십수 가지의 다양한 부리 모양을 한 것을 보고는 진화론의 단서를 발견했어요. 그리고 열심히 연구한 끝에 1859년 매우 유명한 책 《종의 기원》을 발표했답니다.

갈라파고스 제도는 육지에서 멀리 떨어져 있고, 바닷물의 흐름과 바람이 거칠어서 육지의 동물과 식물이 들어오기 힘듭니다. 그래서 이곳에 사는 동물과 식물은 특유의 진화 과정을 거쳐 이 섬만의 고유한 종이 되었습니다. 또한 갈라파고스 제도에는 원주민이 없기 때문에 생물은 인간의 영향을 받지 않고 진화할 수 있었습니다. 환경 조건이 이러한 까닭에 '생물 진화의 야외 실험장', '지구 생태계의 보고'로 불리며, 1934년에 동물 보호 구역으로 지정되었습니다.

갈라파고스 제도에서 사는 바다표범.

갈라파고스 제도에서 사는 이구아나.

Q&A 꼭 알고 넘어가자!

문제 1 라마르크의 용불용설은 세대를 거듭할수록 사용하는 기관은 발달하고 쓰지 않는 기관은 퇴화된다는 이론입니다. 이 이론의 한계는 무엇인가요?

문제 2 다윈의 자연선택설이란 어떤 진화론일까요?

3. 갈라파고스 제도의 섬들은 서로 격리되어 있어 섬마다 먹이와 생활 환경이 다릅니다. 나무 열매를 주로 쪼아 먹고 사는 멧새는 부리가 뭉툭하고, 나무속 벌레를 잡아먹는 멧새의 부리는 딱따구리의 부리 같은 모양입니다. 또 다른 멧새는 곤충을 잡아먹기에 알맞은 부리 모양을 하고 있습니다. 멧새는 원래 남아메리카 대륙에 살았지만 폭풍에 휩쓸려 갈라파고스 제도의 여러 섬에 떨어져 살게 되었습니다. 섬의 환경에 적응하고, 지리적으로 격리되어 다른 섬의 멧새와 교배할 수 없어 새로운 종으로 진화했습니다.

문제 3 갈라파고스 제도의 멧새들은 각 섬마다 부리의 모양이 조금씩 다릅니다. 그 이유는 무엇인가요?

정답

1. 용불용설은 개체변이를 설명하지 못합니다. 살면서 환경에 의해 조금씩 바뀐 형질은 자식에게 전달되지 않는다는 것이 개체변이의 내용입니다. 가령 기린의 목이 나뭇잎을 따 먹기 위해 길게 진화했다면 자식에게 전달되지 않겠지요.

2. 기린의 수가 증가하면 바닥에 있는 풀로는 먹이가 부족합니다. 나무에 있는 풀까지 따 먹을 수밖에 없습니다. 이때, 목이 짧고 키가 작은 기린보다 목이 길고 키가 큰 기린이 훨씬 유리합니다. 목이 짧고 키가 작은 기린은 먹이를 얻지 못해 죽고 목이 긴 기린만 살 수밖에 없습니다. 그 결과 자연히 목이 긴 기린끼리만 교배하게 되고, 이것이 반복되다 보니 현재처럼 기린의 목이 길어졌다는 것이 자연선택설입니다.

관련 교과

초등 4학년 2학기 1. 식물의 세계
초등 5학년 2학기 1. 환경과 생물
초등 6학년 1학기 4. 생태계와 환경
중학교 3학년 8. 유전과 진화

5. 진화의 증거

"내 말을 좀 믿어 봐. 진짜라니깐!" 아무리 이렇게 말해도 믿지 못하는 친구들이 있어요. 그럴 땐 확실한 증거를 내밀어 보세요. 진짜라고 강조할 필요도 없이 모두 믿을 거예요. 진화론도 여러 가지 이유로 받아들여지지 않았지만 현재 많은 증거를 찾아내고 있어요.

화석에 나타난 증거

지층

자갈, 모래, 진흙, 화산재 등이 바닷속, 강바닥, 지표면에 쌓여 층을 이룬 것을 말합니다. 지층은 퇴적암의 특징을 잘 보여주며, 퇴적될 당시의 환경을 잘 설명해 줍니다. 지층의 두께는 아주 얇은 두께부터 수십 미터에 이릅니다.

화석이란 무엇인가요?

화석이란 과거에 살았던 생물의 죽은 몸뚱이나 흔적이 지층 속에 그대로 보존되어 남아 있는 것을 통틀어 이르는 말입니다. 지층 속에 남아 있는 이런 화석을 시간이 흐른 순서대로 배열하면 생물이 진화해 온 과정을 알 수 있습니다. 화석의 기록에는 대부분 어떤 규칙성이 있습니다. 최근에 발견된 화석일수록 옛날 것보다 더 복잡하고 현재 사는 생물과 좀 더 비슷한 구조를 가지고 있습니다. 이것은 생물이 간단한 구조에서 복잡한 구조로 진화해 왔다는 증거입니다. 또 몸집은 점점 커졌고, 바다에서 육지로 진화해 왔다는 사실도 알 수 있습니다.

화석에 나타난 말의 진화

말의 화석을 예를 들어 볼까요? 처음 말의 크기는 강아지와 같았습니다. 하지만 현재는 사람 두세 명이 올라타도 될 만큼 크지요. 다리도 점점 길어져 초원을 뛰어다니기 좋은 구조로 변했고, 대신 쓰지 않는 발가락은 점차 없어져 현재와 같은 모양이 되었습니다. 몸집의 크기나 다리 길이뿐 아니

■ 말의 진화에 따른 발굽과 어금니의 변화

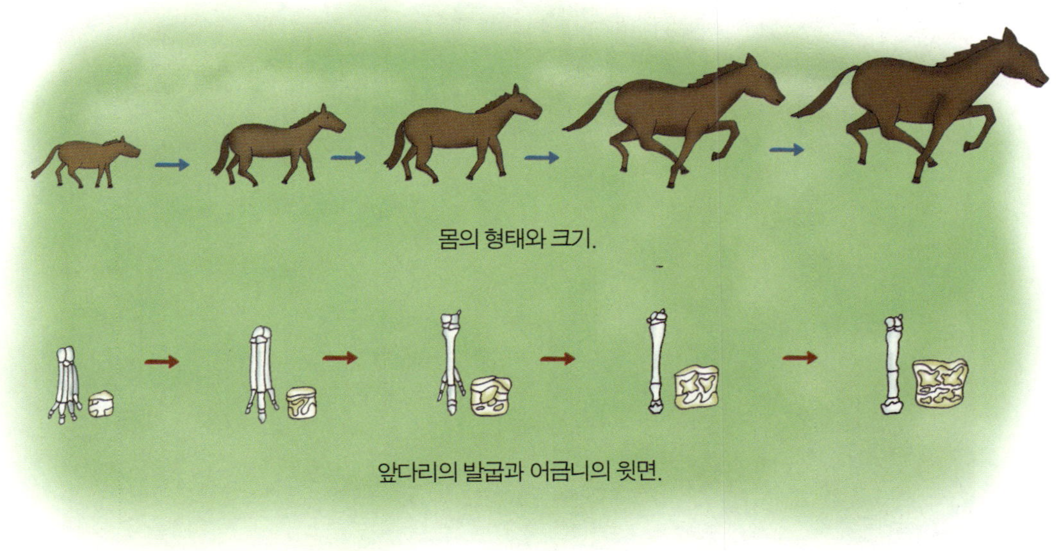

몸의 형태와 크기.
앞다리의 발굽과 어금니의 윗면.

라 어금니 모양도 변했습니다. 말이 사는 곳은 숲이 우거진 곳에서 넓은 초원으로 변해 갔습니다. 먹이가 풀로 바뀌면서 풀을 갉아 먹기 알맞은 치아로 바뀐 것이지요. 어금니의 크기가 점점 커졌고, 주름이 더 많이 져서 풀을 맷돌처럼 갉아 먹기 좋게 변했습니다.

화석에 나타난 소철고사리와 시조새

화석에 나타난 증거는 소철고사리나 시조새에서도 볼 수 있습니다. 소철고사리는 꽃이 피지 않아 씨가 없는 고사리에서 겉씨식물인 소철로 옮기는 중간 단계라고 할 수 있습니다. 완벽한 고사리도 아니고, 소철도 아닌 중간 단계가 나타남으로써 진화하는 도중에 화석이 되었다고 추정됩니다.

진화하는 중간 단계의 예에는 시조새도 있습니다. 시조새는 파충류에서

시조새의 화석. © H. Raab@the Wikimedia Commons

조류로 옮겨 가는 중간 단계의 동물입니다. 파충류는 발톱, 이빨, 꼬리뼈가 있습니다. 조류의 날개에는 발톱이 없는데 시조새의 날개에는 발톱이 있습니다. 조류인 닭을 생각해 보세요. 닭은 이빨이 없어서 모래와 음식을 같이 넘겨 모래주머니에서 음식을 부숩니다. 그런데 시조새는 파충류에만 있고 조류에게는 없는 이빨이 있습니다. 이런 특징을 보면 시조새는 파충류에 속한 듯합니다. 하지만 시조새는 날개, 부리, 깃털이 있습니다. 따라서 시조새는 파충류와 조류 그 어느 쪽에도 속하지 않고 그 사이에서 진화하는 단계라고 할 수 있습니다.

TIP 요건 몰랐지?

화석의 종류

표준화석인 삼엽충.

시상화석인 고사리. ⓒ Hmbascom@the Wikimedia Commons

화석의 종류는 크게 표준화석과 시상화석으로 나눌 수 있습니다. 표준화석은 지질시대를 나누는 기준이 됩니다. 한 시대만 살다가 멸종하는 생물의 흔적을 표준화석이라고 하기 때문이에요. 따라서 표준화석은 생존 기간도 짧고 특정 지층에서만 발견된답니다. 표준화석의 예로는 삼엽충(고생대), 암모나이트와 공룡(중생대), 매머드와 화폐석(신생대)이 있습니다.

시상화석은 현재까지도 존재하는 생물의 화석을 말합니다. 고사리나 산호가 대표적인 예입니다. 현재까지 살아 있는 생물이기 때문에 이들이 현재 살아가는 환경을 알면 이 화석이 발견된 지층의 환경도 알 수 있습니다. 고사리는 따뜻하고 습한 육지, 산호는 맑고 따뜻하며 얕은 바다에 살고 있습니다. 따라서 만약 고사리가 발견된 지층이라면 그 지층은 따뜻하고 습한 지역에서 만들어졌다는 것을 알 수 있지요.

생명이 만들어질 때 보이는 증거

척추동물이라는 말을 들어 보았나요? 척추동물이란 등뼈가 길게 있어 몸을 지탱하는 동물의 무리를 말합니다. 이런 척추동물은 같은 조상에서

■ 척추동물의 발달 과정

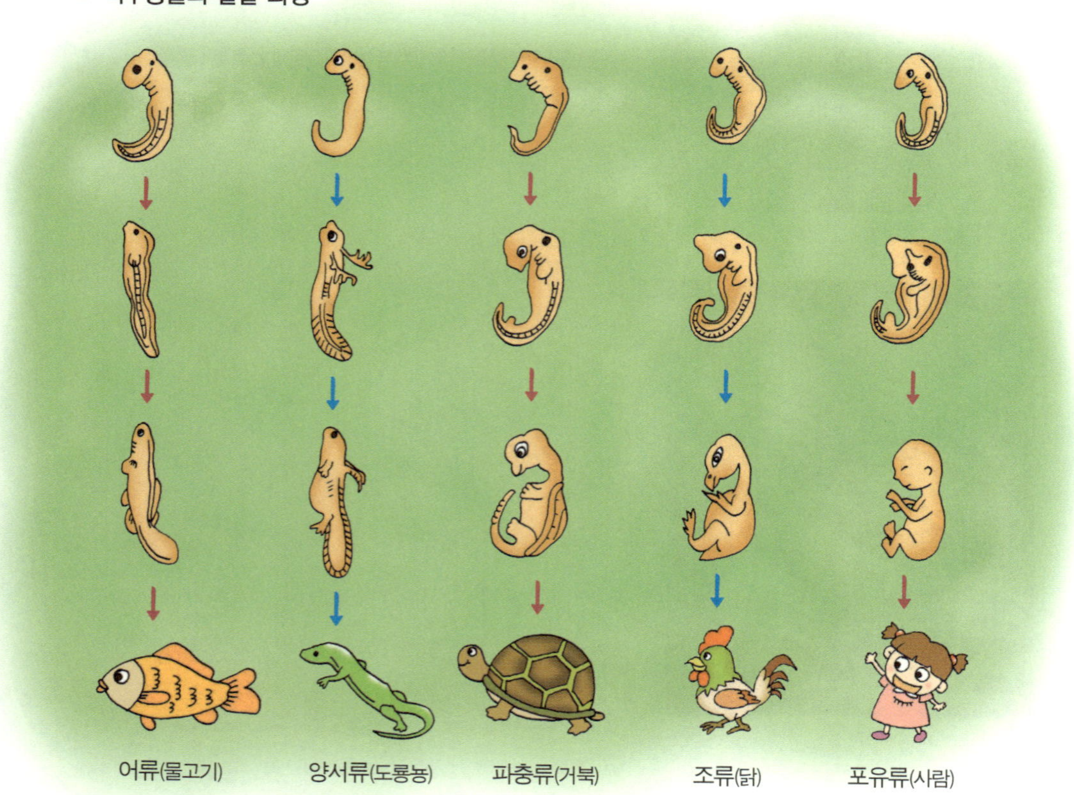

진화해 왔다는 증거가 있습니다. 처음 엄마가 아기를 가졌을 때 엄마 배 속에 있는 아기 사진을 찍어 보면 현재 우리 모습과는 많이 다릅니다. 보통 아기가 배 속에 생기면 몇 개월이 지나야 현재 우리의 모습과 같아집니다.

그렇다면 아기가 생기고 완벽한 사람의 모습을 갖추기까지의 모습은 어떨까요? 사람뿐만 아니라 다른 동물도 완벽한 모양을 갖추기까지의 과정을 그림으로 나타내 보면 초기의 모습은 전부 비슷합니다. 여기에서 중요한 사실을 알 수 있습니다. 모든 척추동물의 조상이 같다는 것입니다.

옆의 그림을 자세히 살펴보세요. 전부 목 옆에 아가미구멍이 있습니다. 이 아가미구멍은 물속에 사는 어류에게는 아가미가 되지만 물속에 살지 않는 사람은 아가미가 필요 없겠지요. 사람은 그 모습을 갖추어 가면서 아가미구멍이 머리뼈를 지탱하는 뼈나 목소리를 울리는 성대로 바뀝니다. 이렇게 처음의 모습은 비슷하지만 조금씩 크면서 공통점을 찾기 어려워집니다.

그럼에도 불구하고 동물의 발달 과정을 보면 척추동물은 확실히 같은 조상에서 진화해 왔다는 사실을 알 수 있습니다.

이 증거는 척추동물 외에 환형동물과 연체동물에서도 볼 수 있습니다. 환형동물인 갯지렁이와 연체동물인 굴의 초기 모습을 보면 트로코포라 유생기를 거칩니다. 이 트로코포라는 윤형동물의 모습과 매우 비슷합니다. 윤형동물, 환형동물, 연체동물은 같은 생물에서 발생된 것입니다.

환형동물, 연체동물, 윤형동물이라는 말이 어렵지요? 환형동물이란 고리 모양의 마디 구조를 가진 척추가 없는 동물을 뜻합니다. 연체동물은 달팽이, 조개, 굴, 오징어, 문어 등 뼈가 없고 근육이 풍부한 동물을 말합니다. 또한 윤형동물은 주로 민물에서 자유롭게 생활하면서 다른 동물에 기생해서 사는 작은 동물로서 몸은 타원형이고 투명합니다.

트로코포라

환형동물과 연체동물의 알에서 생기는 유생의 하나입니다. 형태는 공 모양, 팽이 모양이고, 몇 줄의 섬모띠가 몸을 둘러싸고 있습니다. 섬모운동으로 몸을 회전하며 몰속을 헤엄쳐 다닙니다.

유생기

유생이란 모양이 변하는 동물의 어린 것으로, 다 자라 자식을 낳을 수 있는 어른의 몸이 되기 전 단계를 말합니다. 그렇다면 유생기란 어른의 몸이 되기 전까지의 기간을 말하겠지요.

생물의 몸에 나타난 증거

현재 살고 있는 생물을 잘 관찰해 보면 진화의 흔적을 발견할 수 있습니다. 생물의 몸을 면밀히 들여다본다고 해서 이를 해부학상의 증거라고 합니다. 진짜로 자르고 오려서 해부하지는 않지만 우리 몸의 일부를 다른 생물의 몸과 연관 지어 설명하는 것을 말합니다. 해부학상의 증거는 크게 세 가지로 나누어 생각할 수 있습니다. 상동기관, 상사기관, 흔적기관을 관찰하는 것입니다.

상동기관

상동기관이란 현재 하는 일은 달라도 같은 구조에서 조금씩 바뀌어 진화

■ 척추동물의 앞다리 뼈

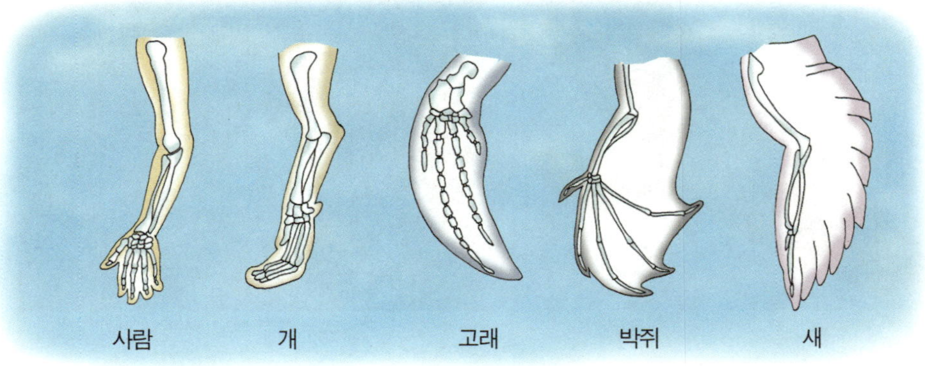

해 온 기관을 말합니다. 예를 들면, 사람의 팔, 개의 앞다리, 고래의 지느러미, 새의 날개 등이 상동기관입니다. 여러분, 잘 생각해 보세요. 우리가 새를 흉내 낼 때 팔로 날갯짓을 하지요? 개나 호랑이, 토끼 등 네 발로 걷는 동물을 흉내 낼 때에는 팔로 동물의 앞다리를 표현하고는 합니다. 척추동물이 같은 조상에서 나왔다는 사실로 여겨지는 부분입니다.

같은 조상에서 시작했더라도 살아가는 환경이 전혀 다르다면 해부학적으로 같은 기관이 전혀 다른 기능을 하는 기관으로 발달할 수 있다는 사실을 알 수 있습니다.

상사기관

기원은 다르지만 같은 기능을 하는 기관을 상사기관이라고 합니다. 곤충과 새의 조상은 엄연히 다릅니다. 곤충은 척추뼈가 없는 동물이니까요. 하지만 두 동물의 공통점은 날 수 있다는 것입니다. 그렇다면 곤충의 날개와

새의 날개는 앞다리가 변해서 만들어졌다.

곤충의 날개는 피부의 일부가 변해서 만들어졌다.
ⓒ Regular Daddy@flicker.com

새의 날개의 기원은 어떻게 다를까요? 새의 날개는 사람의 팔처럼 앞다리가 변해서 만들어졌습니다. 곤충의 날개는 피부의 일부가 변해서 만들어졌습니다. 분명히 날개가 있고, 그 날개로 날 수 있다는 공통점이 있지만 기원은 엄연히 다릅니다.

장미와 선인장도 마찬가지입니다. 장미와 선인장 모두 가시가 있는 식물이지요. 하지만 두 식물의 가시가 만들어진 주된 원인에는 차이가 있습니다. 장미의 가시는 자신을 방어하기 위해 줄기의 일부가 모양을 조금 바꾸어 만들어졌습니다. 물론 선인장도 자신을 보호하기 위해 가시를 만들기는 했지만 그보다 더 중요한 이유가 있습니다. 선인장은 물이 별로 없는 사막에서 살다 보니 잎에서 물이 증발되는 것을 막기 위해 최대한 잎을 얇게 했

장미의 가시. ⓒ Denis Barthel@the Wikimedia Commons

선인장의 가시. ⓒ Aka@the Wikimedia Commons

습니다. 그 결과 잎이 가시가 되어 버렸습니다.

상사기관은 덩굴손에서도 찾아볼 수 있습니다. 덩굴손이란 가지나 잎이 실처럼 변해서 벽이나 다른 나무에 기대어 줄기를 지탱하는 가느다란 덩굴을 말합니다. 완두와 포도가 덩굴손이 생기는 식물의 예입니다. 완두의 덩굴손은 잎의 일부가 변한 것이고, 포도의 덩굴손은 가지가 변해 만들어졌습니다.

흔적기관

해부학상의 증거 중 또 다른 하나는 흔적기관입니다. 흔적기관이란 과거에는 잘 사용했는데 퇴화되어 현재 사용하지 않고 그 흔적만 남은 기관을 말합니다. 사는 환경이 조금씩 달라지면서 새로운 조건에 적응하여 진화하던 중 현재는 사용하지 않게 된 것입니다.

사람에게 볼 수 있는 흔적기관의 예로는 충양돌기가 있습니다. 이 충양돌기는 사실 대장의 일부분을 말합니다. 현재 사람의 충양돌기는 몸 안에서 하는 일 없이 가끔 염증을 일으키기 때문에 맹장염에 걸리면 과감히 그곳을 잘라 버립니다. 우리 몸에서 꼭 필요한 부분이라면 그렇게 잘라 버릴 수 없겠지요.

사람의 몸에는 또 다른 흔적기관이 있습니다. 바로 귓바퀴에 있는 근육입니다. 간혹 어떤 사람은 귀를 위아래로 씰룩씰룩 움직이곤 합니다. 그 사람을 보면서 "왜 나는 안 되지?"라고 생각해 본 적 있나요? 귀를 움직일 수 있는 근육을 동이근이라 합니다. 그런데 이 동이근도 현재 하는 일이 점점 없어지고 있습니다. 그 친구가 귀를 움직였다면 아마 진화가 좀 덜 되어 태어났다고 볼 수도 있습니다.

진화가 더 진행되고, 덜 진행되는 것이 사는 데에 큰 영향을 끼치지 않기 때문에 무엇이 좋다 나쁘다 할 수는 없습니다. 다만, 몸의 이런 흔적기관을 발견함으로써 우리도 진화되는 중이라는 사실을 아는 것이 중요합니다. 사람의 꼬리뼈와 비단뱀의 퇴화된 뒷다리도 흔적기관의 하나입니다.

TIP 요건 몰랐지?

다육식물 선인장

선인장은 주로 사막 같은 건조한 지역에 사는 다육식물입니다. 다육식물이란 잎이나 줄기 속에 많은 수분을 가지고 있는 식물로서 건조한 지방이나 소금기가 많은 지방에서 자랍니다. 선인장이 대표적인 다육식물이지요.

선인장의 잎 모양은 삐죽삐죽해요. 잎에서 물이 증발할까 봐 얇은 가시로 잎을 바꾸고 대신 줄기로 광합성을 합니다.

선인장의 줄기에는 많은 양분이 저장되어 있습니다. 그래서 다른 동물의 먹이가 되기 쉽지요. 그렇기 때문에 자신을 보호하기 위해 가시를 만듭니다. 가시는 물의 증발을 막기 위해서이기도 하지만 먹을 것이 풍부하지 못한 사막에서 동물로부터 자신을 보호하기 위해서 만드는 것입니다.

생물의 몸에 나타난 그 밖의 증거

비슷한 DNA의 구성

최근 분자생물학이라는 분야가 발달하면서 진화의 증거를 유전자에서 찾는 연구가 활발합니다. 공통 조상에서 진화해 왔다는 사실을 밝히기 위해서는 생명체의 세포 속에 있는 유전물질(DNA)의 비슷한 점을 밝히기도 합니다. 생물이 진화하는 동안 생기는 돌연변이는 유전자의 DNA에 흔적이 남기 때문에 돌연변이가 생긴 다음 시간이 흐를수록 DNA의 차이는 커질 수밖에 없습니다. DNA의 구성이 비슷한 생물이라면 서로 가까운 진화 관계라는 사실을 알 수 있습니다.

지리적 환경에 의한 생물의 진화

생물의 진화는 지리적 환경 차이에 의해서도 생겨날 수 있습니다. 오스트레일리아의 오리너구리나 캥거루가 그 예입니다. 오리너구리나 캥거루는 포유동물이지만 태반이 발달하지 않았습니다. 이것은 태반 포유류가 나타나기 이전, 오스트레일리아가 아시아 대륙에서 분리되어 독특한 환경을 갖게 되고, 오리너구리 같은 태반이 없는 동물이 그 환경에 적응하면서 다른 종으로 진화했기 때문

태반

엄마 배 속에 아기가 있을 때 엄마에게서 아기에게로 영양분을 공급해 주는 곳을 말합니다. 태아와 엄마의 몸에서 나온 조직에서 만들어집니다.

입니다. 지리적으로 오랫동안 단절되어 있으면 생물도 각기 다른 계통으로 진화한다는 사실을 알 수 있습니다.

분류하기 어려운 동물들

생물을 분류하다 보면 어디에도 넣기가 어려운 동물이 있어요. 그 예로 시조새를 들 수 있습니다. 앞에서 배웠듯이, 시조새는 파충류의 특징과 조류의 특징을 모두 가지고 있는 생명체이지요. 하지만 시조새는 현재까지 남은 생물이 아니라 화석에 흔적만 남아 있기 때문에 화석상의 증거로만 말할 수 있습니다.

현재 존재하는 오리너구리는 온몸이 털로 덮여 있고, 젖을 먹여 키우기 때문에 포유류로 분류할 수 있지만 알을 낳기 때문에 조류로도 분류할 수 있답니다. 생물이 진화하는 중간 단계이기 때문에 가능한 일입니다.

폐어도 같은 경우입니다. 폐어는 물속에 사는 어류이지만 사람처럼 폐가 있어 공기에서도 호흡할 수 있습니다. 그래서 어류와 개구리 같은 양서류의 중간 단계로 보고 있어요.

TIP 요건 몰랐지?

물 밖에서도 숨을 쉬는 물고기

어류와 양서류 특징을 모두 가지고 있는 폐어는 몸이 가늘고 긴 뱀장어 모양입니다. 눈은 작고 시력이 약합니다. 그래서 냄새를 맡아 작은 물고기나 새우, 게 등을 잡아먹습니다. 턱에는 이빨이 없지만 큰 치대(이빨이 촘촘하게 나 있는 무리)가 있어서 먹이를 갈아 먹는 데에 좋습니다. 피부는 작은 비늘로 덮여 있습니다.

폐어는 아가미 외에 부레가 호흡기관으로 발달되어 있습니다. 비가 많이 내리는 시기에는 물속에서 아가미로 숨을 쉬고, 비가 잘 내리지 않는 시기에는 모래펄에 기어들어가 부레로 숨을 쉽니다.

고생대 말에서 중생대에 번성한 폐어는 전 세계에 널리 분포되었지만 그 후 급히 쇠퇴하여 현재는 남아메리카 아마존 강, 아프리카 중부, 오스트레일리아 등의 열대 지방에 몇 종만이 살고 있습니다.

오스트레일리아에서 사는 폐어. © Aaron Gustafson@flickr.com

Q&A 꼭 알고 넘어가자!

문제 1 화석을 시간 순서대로 배열하면 생물이 진화해 온 과정을 알 수 있습니다. 시조새의 화석에서 나타난 특징은 무엇인가요?

문제 2 척추동물의 조상이 같다는 증거는 무엇인가요?

3. 기원은 다르지만 같은 기능을 하는 기관을 상사기관이라고 합니다. 장미의 가시는 자신을 방어하기 위해 줄기의 일부가 모양을 조금 바꾼 것입니다. 물론 선인장도 자신을 보호하기 위해 가시를 만들기는 하지만 그보다 더 중요한 이유가 있습니다. 선인장은 물이 별로 없는 사막에서 살다 보니 잎에서 물이 증발되는 것을 막기 위해 최대한 잎을 얇게 했습니다. 그 결과 잎이 가시가 되어 버린 것입니다.

문제 3 장미의 가시와 선인장의 가시는 만들어진 주된 이유가 조금 다릅니다. 그 차이점은 무엇인가요?

정답

1. 시조새가 파충류에서 조류로 옮겨 가는 중간 단계의 동물이라는 점입니다. 파충류는 발톱, 이빨, 꼬리뼈가 있습니다. 조류의 날개에는 발톱이 없는데 시조새의 날개에는 발톱과 이빨이 있으니, 시조새는 파충류로 보입니다. 하지만 시조새에는 파충류에는 없는 날개, 부리, 깃털이 있습니다. 따라서 시조새는 파충류와 조류 그 어느 쪽에도 속하지 않고 그 사이에서 진화하는 단계의 동물이라고 할 수 있습니다.

2. 척추동물의 초기 모습은 전부 비슷합니다. 척추동물이 막 엄마 배 속에 생겨났을 때의 모습을 잘 살펴보면 전부 목 옆에 아가미구멍이 있습니다. 이 아가미구멍은 물속에 사는 어류에게는 아가미가 되지만 물속에 살지 않는 사람은 머리뼈를 지탱하는 뼈나 목소리를 울리는 성대로 바뀝니다.